AN INTRODUCTION TO POLISH

AN INTRODUCTION TO POLISH

BY

GERALD STONE

CLARENDON PRESS · OXFORD
1980

Oxford University Press, Walton Street, Oxford OX2 6DP

OXFORD   LONDON   GLASGOW
NEW YORK   TORONTO   MELBOURNE   WELLINGTON
IBADAN   NAIROBI   DAR ES SALAAM   LUSAKA   CAPE TOWN
KUALA LUMPUR   SINGAPORE   JAKARTA   HONG KONG   TOKYO
DELHI   BOMBAY   CALCUTTA   MADRAS   KARACHI

© Gerald Stone 1980

Published in the United States
by Oxford University Press
New York

British Library Cataloguing in Publication Data

Stone, Gerald
    Introduction to Polish.
    1. Polish language — Grammar
    I. Title
    491.8'5'82421   PG112   79–41395

    ISBN 0–19–815802–5

Printed in Great Britain by
Latimer Trend & Company Ltd Plymouth

ŻONIE POŚWIĘCAM

FOREWORD

This is not a comprehensive Polish course. Its only aim is to make it possible for the complete beginner to get off to a good start. The primary essentials of Polish grammar are introduced gradually in easy stages. Vocabulary and structures are presented and reinforced systematically in simple, specially composed, texts. The relationship between sound and symbol is explained in practical terms.

In the course of twenty lessons the student is introduced to about 800 Polish words (nearly all of which belong to the most basic vocabulary), and to the elements of Polish grammar. Many of the more complex features (participles, syntax of numerals, the conditional, etc.) have been deliberately omitted. It has been assumed that students are more likely to succeed if presented with an objective which is clearly within their reach. Familiarity with the preliminaries as presented here should lead naturally to further study using one of the more advanced courses.

I should like to acknowledge my debt to Dr. Florian Śmieja, who contributed significantly to an earlier draft of this course used to teach beginners Polish at the University of Nottingham (1967 to 1971). I am also indebted to Dr. Magdalena Foland, of the Universities of Warsaw and Glasgow, for reading the manuscript and making a number of suggestions and corrections. Publication has been facilitated by a generous subsidy from the Fundacja Lanckorońskich.

G.S.

CONTENTS

(i) Polish has no definite and indefinite articles, (ii) Gender, (iii) Possessive adjectives, (iv) *jego, jej*, (v) *i* (copulative), *a* (adversative), (vi) Interrogative words.

(i) Polish equivalents of 'you', (ii) Present tense of verb 'to be', (iii) Omission of personal pronouns, (iv) Prepositional ending *-ie/-e*, (v) Gender of nouns, (vi) Gender of adjective *pański*, (vii) *drzwi* (plural only).

(i) Present tense: *-e-* conjugation. Consonant alternations in verb stems, (ii) Infinitives in *-c*, (iii) Consonant alternations in prepositional, (iv) Prepositional in *-u*, (v) Alternation *-ó-/-o-*, (vi) *w* or *na* to translate 'in'.

(i) Words taking *na*, (ii) Alternation *-ek/-k*, (iii) *na* + accusative, (iv) Accusative singular of inanimates, (v) *na* + acc. translating 'to', (vi) Alternation *-a-/-e-*, (vii) Reflexive verbs, (viii) Adjective endings in nominative singular: *-y, -a, -e*.

(i) Ellipsis of *jest*, (ii) *jechać:iść*. Vowel and consonant alternation in stem of *jechać*, (iii) the *-i/y-* conjugation. Consonants which must be followed by *-y* (not *-i*), (iv) Feminine accusative singular in *-ę*, (v) Feminine genitive singular in *-y*, (vi) *g* and *k* must be followed by *i* (not *y*), (vii) Genitive singular of masculine nouns (*-a* or *-u*), (viii) Genitive singular of neuter nouns (*-a*), (ix) *do* + genitive translates 'to', (x) Alternation *-ó-/-o-*, (xi) Feminines with nominative ending in consonant, (xii) *na* with points of compass.

(i) The *-a-* conjugation, (ii) Prepositional singular

revised and extended, (iii) Genitive of feminine soft stems, (iv) Declension of *pani*, (v) Formation of adverbs, (vi) Omission of possessive adjectives with kinship terms.

PRONUNCIATION

1. The Polish alphabet has 32 letters:

A — a	M — m
Ą — ą	N — n
B — b	Ń — ń
C — c	O — o
Ć — ć	Ó — ó
D — d	P — p
E — e	R — r
Ę — ę	S — s
F — f	Ś — ś
G — g	T — t
H — h	U — u
I — i	W — w
J — j	Y — y
K — k	Z — z
L — l	Ź — ź
Ł — ł	Ż — ż

In addition, the letters *q*, *v*, and *x* may occasionally be found in foreign words, especially names, e.g. *Pax* (a Catholic organization), *Quebec*, *Verdi*.

Some of them have almost the same pronunciation as in English:

b, f, k, m, n, p, s, z.

The pronunciation of *t* and *d* is also similar to that of English, but care should be taken to make sure that the tongue approaches the upper front teeth (and not—as in English—the hard ridge behind the front teeth).

The remaining consonant letters represent sounds similar to those in the English words shown below:

c like *ts* in English *its*

ć like *ch* in English *cheap* (with the tongue raised)

g like *g* in English *go* (not as in *gin*)

h like *ch* in Scottish *loch*

j like *y* in English *young*

l like *l* in English *leaf* (not as in *milk*)

ł like *w* in English *wet*

ń like *n* in English *new* (as opposed to *n* in *now*)

r is rolled as in Italian, Spanish or Russian

ś like *sh* in English *she* (with the tongue raised)

w like *v* in English *vest*

ź like *s* in English *measure* (with the tongue raised)

ż like *s* in English *measure* (with the tongue flat)

The oral vowels are:

a like *u* in English *cut* (Polish *kat* 'hangman' sounds like English *cut*)

e like *e* in English *best*

i like *ee* in English *bee*

o like *o* in English *odd*

u like *u* in English *rule*

y like *i* in English *milk*

The pronunciation of *ó* coincides exactly with that of *u*. Consequently, *mór* 'plague' and *mur* 'wall' are exact homophones.

The nasal vowels are:

ą—the nasalized version of *o* (similar to French *on* as in *bon*)

ę—the nasalized version of *e* (similar to French *in* as in *fin*)

2. Certain consonant sounds are represented by a combination of letters. They are as follows:

ch like *ch* in Scottish *loch* (The pronunciation of *ch* and *h* is identical)

cz like *ch* in English *cheap* (with the tongue flat)

rz like *s* in English *measure* (with the tongue flat) (The pronunciation of *rz* is identical with that of *ż*)

sz like *sh* in English *she* (with the tongue flat)

dz like *ds* in English *lads*

dź like *g* in English *gin* (with the tongue raised)

dż like *g* in English *gin* (with the tongue flat)

3. Certain consonants are palatalized (or soft). The pronunciation of palatalized consonants involves raising the middle part of the tongue to the hard palate. In the pronunciation of non-palatalized (or hard) consonants the tongue lies flat. In spelling palatalization is shown in one of two ways:

(i) By means of the acute accent. This is possible only in the case of *ć, ś, ź, dź, ń*; and the accentuated letters are used only at the end of a word or before another consonant. For example: *być* 'to be', *śledź* 'herring', *słońce* 'sun', *iść* 'to go'.

(ii) By means of the letter *i*. For example: *siostra* 'sister' (pronounced as if written *śostra*), *ziemia* (pronounced as if written *źemia*). In these examples the letter *i* does not represent a vowel; it merely shows that the consonant is palatalized. If, however, the following vowel is *i* then the letter *i* has two functions: it simultaneously shows both palatalization of the preceding consonant and the existence of the vowel sound *i*. For example: *cichy* 'quiet' (pronounced as if written *ćichy*), *zima* 'winter' (pronounced as if written *źima*).

Certain consonants may be palatalized only when they immediately precede a vowel sound. Consequently, palatalization of these consonants is never shown by means of the acute accent. For example: *m* (palatalized in *miasto* 'town'), *p* (palatalized in *pisać* 'to write').

4. English-speaking students need to take special care in distinguishing between *cz*, *sz*, *ż* (*rz*), *dz* (which are non-palatalized) and *ć* (*ci*), *ś* (*si*), *ź* (*zi*), *dź* (*dzi*) (which are palatalized). The distinction may seem so slight as to be insignificant to the untrained ear, but it is capable of determining the meaning of a word. For example: *bić* 'to beat': *bicz* 'whip'; *wieś* 'village': *wiesz* 'you know'.

After *cz*, *sz*, *ż*, *rz*, *dż* the letter *y* (not the letter *i*) is written. For example: *czy* 'whether', *szyja* 'neck', *życie* 'life'. Certain other sounds are always non-palatalized and therefore followed by the letter *y* (not *i*): *c*, *d*, *dz*, *ł*, *r*, *s*, *t*, *z*, although *i* may, as we have seen, be used with the letters *c*, *s*, *z*, to represent the equivalents of *ć*, *ś*, *ź*.

The letters *g*, *k*, *l*, are followed by *i* (not *y*): *kino* 'cinema', *drugi* 'second', *list* 'letter'.

5. At the end of a word voiced consonants are devoiced. Thus
   b is pronounced as *p*—e.g. in *ząb* 'tooth'
   d is pronounced as *t*—e.g. in *zachód* 'west'
   g is pronounced as *k*—e.g. in *róg* 'corner'
   w is pronounced as *f*—e.g. in *Kraków* 'Cracow'
   z is pronounced as *s*—e.g. in *wóz* 'car'
   ż is pronounced as *sz*—e.g. in *mąż* 'husband'
and so on.

Voiced consonants sometimes change to voiceless consonants and vice versa by assimilation with adjacent consonants. For example: *wódka* 'vodka' (*d* is pronounced as *t*), *książka* 'book' (*ż* is pronounced as *sz*), *krzesło* 'chair' (*rz* is pronounced as *sz*), *prośba* 'request' (*ś* pronounced as *ź*).

6. The letters *ą* and *ę* represent true nasal vowels (like French *on* and *in* respectively) when they immediately precede the following consonants: *ch, f, rz, s, ś, sz, w, z, ź, ż*. At the end of a word *ę* tends to lose its nasality and becomes simply *e*. For example: *widzę* 'I see' (pronounced *widze*, except in very deliberate pronunciation). On the other hand, *ą* usually retains its nasality at the end of a word: *są* 'are'.

In all other positions both nasals undergo various kinds of denasalization:

   (i)   Before *ł* and *l*—*ą* becomes *o*, *ę* becomes *e*. Thus *wziął* 'he took' is pronounced as if written *wzioł*.

   (ii) Before *b* and *p*—*ą* becomes *om*, *ę* becomes *em*. Thus, *ząb* 'tooth' is pronounced as if written *zomp*.

   (iii) Before *c, d, t, cz, dz*—*ą* becomes *on*, *ę* becomes *en*. Thus *pamiętać* 'to remember' is pronounced as if written *pamientać*.

   (iv) Before *ć (ci)* and *dź (dzi)*—*ą* becomes *oń*, *ę* becomes *eń*. Thus *pięć* 'five' is pronounced as if written *pieńć*.

   (v)   Before *k* and *g*—*ą* becomes *ong*, *ę* becomes *eng*. Thus *pociąg* 'train' is pronounced as if written *pociongk*.

The development of nasal vowels in positions other than those where the letters *ą* and *ę* are written (e.g. *sens*, pronounced *sęs*) is a subtlety which need not worry the beginner.

7. The vast majority of Polish words are stressed on the penultimate syllable, e.g. *pracować* 'to work', *narodowy* 'national' *Wisła* 'Vistula'. The exceptions to this rule are mainly words which have been taken from Latin or Greek, e.g. *muzyka* 'music', *uniwersytet* 'university'. The stress of all such words will be given as they arise and in the vocabulary.

LESSON 1 (LEKCJA PIERWSZA)

co?—what?
to—that, this, it
kto?—who?
gdzie?—where?
tutaj—here
tam—there
jest—is
mój, moja, moje—my
jego—his
jej—her
tak—yes
nie—no
i—and (copulative)
a—and (adversative), but
ale—but
czy—interrogative particle

stół (m.)—table
krzesło (n.)—chair
telefon (m.)—telephone
okno (n.)—window
pan (m.)—gentleman, Mr.
pan Kowalski—Mr. Kowalski
kolega (m.)—friend
koleżanka (f.)—friend
student (m.)—student
studentka (f.)—student
mąż (m.)—husband
żona (f.)—wife
Jan ⎫
Wanda ⎬ Polish forenames
Jadwiga ⎭

PRONUNCIATION

1. The pronunciation of *ó* and *u* is identical: *student, stół, tutaj, mój*.
2. The letter *ł* represents a sound like English *w*: *stół, krzesło*.
3. In *krzesło rz* (normally the same as *ż*) is devoiced by assimilation with preceding *k*. Thus *krz-* is pronounced as if written *ksz-*.
4. In *mąż* final *ż* is devoiced and pronounced like *sz*.
5. Note the hard pronunciation of *cz* (in *czy*), *ż* (in *żona*), etc., i.e. with the tongue lying flat.
6. Note the soft pronunciation of *dź* in *gdzie*. (Palatalization is shown by means of the letter *i*).

GRAMMAR

1. Polish has no words corresponding to the English definite and indefinite articles (*the, a, an*), so sentences such as *To jest student* may be translated with either article, i.e. *That is the student* or *That is a student*.
2. Every Polish noun has a gender. It is masculine, feminine or neuter. In this book the gender of every noun is shown by means of the abbreviations m. (masculine), f. (feminine), and n. (neuter).
3. To translate the English possessive adjective 'my' we must choose one of the three forms *mój, moja* or *moje*, depending on whether the noun qualified is masculine, feminine or neuter. With masculines we use *mój*, e.g. *mój mąż* 'my husband'. With feminines we use *moja*, e.g. *moja żona* 'my wife'. And with neuters we use *moje*, eg. *moje krzesło* 'my chair'.
4. The form of *jego* 'his' and *jej* 'her' is not affected by the gender of the noun qualified.
5. The conjunction *a* has the effect of distinguishing between the part of the sentence preceding it and the part of the sentence following it. Thus *Stół jest tutaj, a krzesło jest tam* may be translated either 'The table is here, *and* the chair is there' or 'The table is here, *but* the chair is there'. However, *ale* is always translated 'but' and *i* is always translated 'and'.
6. As in English many sentences are introduced by interrogative words such as *gdzie?* 'where?', *co?* 'what?', *kto?* 'who?'. Sentences to which the expected answer is 'yes' or 'no' (which in English have no interrogative word) are introduced in Polish by means of the word *czy*. Example: *Czy to jest Jan?* 'Is that Jan?'. To turn a statement into a question simply put *czy* in front of it. Example: *To jest jego żona* 'That is his wife'—*Czy to jest jego żona?* 'Is that his wife?'.

TEXT
(TEKST)

To jest stół, a to jest krzesło. A co to jest? To jest telefon. A co to jest? To jest okno. Okno jest tam, a telefon jest tutaj. Moje krzesło jest tutaj, a jego krzesło jest tam.

LEKCJA PIERWSZA 7

Kto to jest? To jest pan Kowalski. Pan Kowalski jest tam.
Jego żona Jadwiga jest tutaj. Jej koleżanka Wanda jest tam.
To jest jej mąż Jan. To jest student, a to jest studentka. To
jest mój kolega. Czy to jest jego stół?

CONVERSATION
(ROZMOWA)

—Czy to jest Jadwiga?
—Nie, to jest Wanda. Jej mąż Jan jest tutaj. A kto to jest?
—Gdzie? Tam?
—Tak.
—To jest mój kolega pan Kowalski. Ale gdzie jest jego żona
Jadwiga?
—Jej mąż jest tutaj i mój mąż jest tutaj. Ale gdzie jest Jadwiga?

EXERCISES
(ĆWICZENIA)

1. Convert the following statements into questions (using *czy*):
   (i)   Pan Kowalski jest tutaj.
   (ii) To jest jego żona.
   (iii) To jest telefon.
   (iv) Wanda jest tam.
   (v)   To jest student.
   (vi) Mój kolega jest tutaj.
2. Compose questions using the following words:
   (i)   studentka (czy)
   (ii) telefon (gdzie)
   (iii) stół (gdzie)
   (iv) tutaj (kto)
   (v)   Wanda (gdzie)
   (vi) jego kolega (czy).
3. Choose the correct form of *mój, moja, moje* and insert it in
   the following sentences:
   (i)   — koleżanka Wanda jest tutaj.
   (ii) To jest — krzesło.
   (iii) — stół jest tam, a — krzesło jest tutaj.
   (iv) Gdzie jest — kolega?
   (v)   To jest — student.

LESSON 2 (LEKCJA DRUGA)

pan (m.)—you (also: gentleman, Mr.)

pani (f.)—you (also: lady, Mrs., Miss)

państwo (pl.)—you (pl.) (also: ladies and gentlemen)

on (m.)—he, it

ona (f.)—she, it

ono (n.)—it

teraz—now

na lewo—on the left

na prawo—on the right

pański, pańska, pańskie— your (derived from *pan*)

pokój (m.)—room

być—to be (the present tense is given below)

w—in

Warszawa (f.)—Warsaw

Oksford (m.)—Oxford

Londyn (m.)—London

Lublin (m.)—Lublin

brat (m.)—brother

siostra (f.)—sister

szkoła (f.)—school

sklep (m.)—shop

drzwi (pl.)—door

raz (m.)—time

pierwszy—first

po raz pierwszy—for the first time

również—also, too

jeszcze—still, yet

PRONUNCIATION

1. Note devoicing of final *z* (to *s*) in *teraz, oraz, raz,* and of final *d* (to *t*) in *Oksfor*d.
2. In *pierwszy w* is devoiced (to *f*) by assimilation to following *sz*. In *państwo* by assimilation to preceding *t*.
3. Note soft *ś* (written *si*) in *siostra,* and soft *ć* in *być.*
4. Note hard *ż* in *można,* hard *sz* in *szkoła, Warszawa, pierwszy,* and hard *drz* (like *dż*) in *drzwi.*
5. Note soft *ń* in *pani, państwo, pański.* Palatalization is produced by raising the middle part of the tongue as in pronunciation of the vowel *i.*

GRAMMAR

1. Except in cases of great familiarity or between relations, the normal equivalent of the English word 'you', when addressing an adult (over 16) is *pan* (to address a man), *pani* (to address a woman), and *państwo* (to address a group containing at least one man and one woman). *Pan*, *pani*, *państwo* are pronouns. They are used with the same forms of verbs as the third person: *pan jest* 'you are' (m.), *pani jest* 'you are' (f.), *państwo są* 'you are' (pl.).

2. The present tense of the verb *być* 'to be' is as follows:

	Singular	Plural
1.	jestem 'I am'	jesteśmy 'we are'
2.	(a) jesteś 'you are'	jesteście 'you are'
	(b) pan jest 'you are' pani jest 'you are'	państwo są 'you are'
3.	jest 'he, she, it is'	są 'they are'

The forms *jesteś* (sing.) and *jesteście* (pl.) are restricted to relationships of familiarity or kinship. They are also used to address anyone apparently (or really) under the age of 17.

3. Most parts of any verb are clearly first, second or third person, singular or plural, and it is consequently not necessary or usual to use the personal pronouns except for emphasis. The main exception to this rule is provided by second person forms with *pan*, *pani*, *państwo*, where the pronoun must be expressed. The verbs *jest* and *są*, if given without pronouns, are definitely understood as referring to third persons (or things).

4. The prepositional case is used after certain prepositions, one of which is *w* 'in'. We begin our study of this case by using the ending *-e*, which is added to the stem of the noun. In addition, the consonant at the end of the stem is softened, which may mean the insertion of the letter *i*, or the substitution of a different consonant. Examples:

Londyn —w Londynie 'in London'
Lublin —w Lublinie 'in Lublin'
Warszawa—w Warszawie 'in Warsaw'

sklep   —w sklepie 'in a shop'
Oksford   —w Oksfordzie 'in Oxford'
szkoła   —w szkole 'in a school'.

Note the substitution of *dź* (written *dzi*) for *d*, and of *l* for *ł*. Further substitutions of this kind will be dealt with later.

5. Masculine nouns most commonly end in a consonant: e.g. *sklep, stół, student*. This includes *j*: e.g. *pokój*.

   Nouns ending in *-a* (e.g. *siostra, Wanda, szkoła, koleżanka*) are all feminine, except those that refer to male human beings (e.g. *kolega*).

   Neuter nouns usually end in *-o* or *-e* (e.g. *okno, krzesło*).

6. The adjective *pański, pańska, pańskie* varies according to the gender of the noun it qualifies: e.g. *pański brat, pańska siostra, pańskie krzesło*. It translates 'your' when 'you' is *pan*, i.e. masculine.

7. The noun *drzwi* is grammatically plural, though translated by the English singular word 'door'.

TEXTS
(TEKSTY)

1. Jestem w Warszawie. Moja koleżanka Wanda i jej mąż Jan są również w Warszawie. Teraz jesteśmy w sklepie. Drzwi są na lewo, a okno jest na prawo. Mój brat i moja siostra są w Londynie.

2. Pan Kowalski jest w Oksfordzie po raz pierwszy. Jest w szkole. Szkoła jest w Oksfordzie. Czy w szkole jest telefon? Tak. Telefon jest tam na lewo. A gdzie jest pański pokój? Tutaj na prawo. Drzwi są na prawo.

CONVERSATION
(ROZMOWA)

—Czy państwo są tutaj po raz pierwszy?
—Tak. Jesteśmy w Warszawie po raz pierwszy.
—A pański brat?
—Brat jest jeszcze w Lublinie.
—A kto to jest?
—To jest mój kolega, pan Kowalski. Jego żona jest również w Warszawie.

—A gdzie ona jest teraz?
—W sklepie.

EXERCISES
(ĆWICZENIA)

1. Insert appropriate forms of the verb 'to be' in the following sentences:
    (i)   Czy pani — w Warszawie?
    (ii) Mój brat i moja siostra — w sklepie.
    (iii) Co to — ?
    (iv) Drzwi — na prawo.
2. Translate into Polish:
    We are in Warsaw for the first time. My husband is here too. He is in a shop, but my brother is here. My sister is still in London. Her husband is there too.

LESSON 3 (LEKCJA TRZECIA)

Polska (f.)—Poland
Poznań (m.)—Poznan
Kraków (m.)—Cracow
księgarnia (f.)—bookshop
uniwersytet (m.)—
  university
róg (m.)—corner
hotel (m.)—hotel
park (m.)—park
droga (f.)—way, road
wakacje (pl.)—holidays
podróżować—to travel
pracować—to work
iść—to go
dziękować—to thank
móc—to be able (can)
pisać—to write
więc—so, therefore

dlaczego?—why?
ponieważ—because
dzisiaj—today
bardzo—very
razem—together
właśnie—just
blisko—near
na—on, to, in
po—after, on, through, over,
  round
ich—their
kiedy—when
dobrze (adverb)—good, well
no (interjection)—well
tu (less emphatic than *tutaj*)—
  here
ja—I
my—we

PRONUNCIATION

1. Note devoicing of *w* to *f* in *Kraków*, of *g* to *k* in *róg*, and *ż* to *sz* in *ponieważ*.
2. There are three new words containing nasal letters in this lesson: *księgarnia, dziękować, więc*. Before *g* and *k*, *ę* is pronounced as if written *eng*; before *c* as if written *en*.
3. Note the assimilation (to *f*) of the preposition *w* when followed by a voiceless consonant. Example: *w Polsce* (pronounced as if written *f Polsce*).
4. Note the irregular stress of *uniwersytet* (in the nominative singular only).

GRAMMAR

1. The infinitive is, as a rule, not a reliable guide to forming the present tense. It is necessary to *learn* the present tense, though normally, if the first and third person singular are known, the other parts of the present tense may be deduced from them. The form of the verb used with *pan/pani/państwo* is the same as that used with the third person and is therefore not shown separately.

The six verbs introduced in this lesson (*podróżować, pracować, iść, dziękować, móc, pisać*) all belong to Conjugation 1 (the *-e-* conjugation). The present tense of *pisać* is as follows:

singular
- 1. pisz—ę
- 2. pisz—esz
- 3. pisz—e

plural
- 1. pisz—emy
- 2. pisz—ecie
- 3. pisz—ą

Note the vowel *e*. This is the distinguishing feature of this conjugation

The endings are the same in the present tense of all verbs of this conjugation, but there are some verbs in which the stem of the first person singular and the third person plural (the first and last members of the paradigm) differs from the stem of the other members of the paradigm. For example:

	Present tense of móc	*Present tense of* iść
singular	1. mog—ę	id—ę
	2. moż—esz	idzi—esz
	3. moż—e	idzi—e
plural	1. moż—emy	idzi—emy
	2. moż—ecie	idzi—ecie
	3. mog—ą	id—ą

Despite the general rule that the stem of the present tense cannot be derived from the infinitive, there is one (fairly numerous) group of verbs belonging to this conjugation in which there is a constant correlationship between present tense and infinitive. Their present stem ends in *-uj*. The infinitive of such verbs always ends in *-ować* or *-ywać*. The remaining three verbs introduced in this lesson exemplify this type:

		pracować	*podróżować*	*dziękować*
singular	1.	pracuję	podróżuję	dziękuję
	2.	pracujesz	podróżujesz	dziękujesz
	3.	pracuje	podróżuje	dziękuje
plural	1.	pracujemy	podróżujemy	dziękujemy
	2.	pracujecie	podróżujecie	dziękujecie
	3.	pracują	podróżują	dziękują

2. There are only a few infinitives ending in *-c* (e.g. *móc*). The vast majority end in *-ć*.

3. In Lesson 2 we observed the consonant changes that take place in the prepositional case before the ending *-e*; viz. -n → -nie, -w → -wie, -p → -pie, -d → -dzie, -ł → -le. In this lesson we have two further types: -k → -ce (e.g. *Polska* → *w Polsce*), -t → -cie (e.g. *uniwersytet* → *na uniwersytecie*), and -g → -dze (e.g. *droga* → *po drodze*).

4. There is also another prepositional ending: *-u*. It is used only with *masculines and neuters* (never with feminines) and is restricted to those nouns whose stems end in one of the following consonants:
   (i) g, k, ch. Example: *w parku*.
   (ii) ń, l, j. Example: *w hotelu*.
   (iii) c, dz. (No examples in this lesson).
   (iv) cz, sz, ż, rz. (No examples in this lesson).
   (v) ć, ś, ź. (No examples in this lesson).

5. Note the frequent replacement of *ó* by *o* when a syllable is added. Examples: *mój* (but *moja, moje*), *róg* (but *na rogu*), *pokój* (but *w pokoju*), *stół* (but *na stole*).

6. In the case of a relatively small number of words the English preposition 'in' is translated by *na* (not *w*); *na uniwersytecie*.

TEXT
(TEKST)

Poznań jest w Polsce. Kraków jest również w Polsce. Jan pracuje w Poznaniu. Pracuje w sklepie. Jego żona Wanda również pracuje w Poznaniu, ale dzisiaj nie pracują. Dzisiaj Jan i Wanda są w Krakowie. Dlaczego są w Krakowie? Są w

Krakowie, ponieważ teraz są wakacje. Jan i Wanda podróżują
po Polsce.

Właśnie teraz Wanda jest w parku, a jej mąż Jan jest jeszcze
w hotelu. Ich hotel jest na rogu. Park jest bardzo blisko. W ich
pokoju jest stół, gdzie Jan może pisać. Kiedy Wanda jest w
parku, Jan pisze. W pokoju jest również telefon. Telefon jest
na stole. Stół jest tutaj na lewo, a drzwi są tam na prawo.

CONVERSATION
(ROZMOWA)

—Gdzie jest uniwersytet?
—Tu blisko. Czy pani właśnie teraz tam idzie?
—Tak.
—Ja również tam idę, możemy więc iść razem. Ja tam pracuję.
—Bardzo dobrze. Ale czy po drodze jest księgarnia?
—Tak. Księgarnia jest tam na lewo, ale również jest na
uniwersytecie.
—No, dobrze. Dziękuję bardzo. Możemy iść.

EXERCISES
(ĆWICZENIA)

1. Insert the correct verbal forms (present tense). Omit the
   pronouns where appropriate.
   (i)   Ja (być) w Polsce.
   (ii)   Wanda (pracować).
   (iii) My (dziękować) bardzo.
   (iv)   Czy państwo (iść) razem?
   (v)   Student (pisać).
   (vi)   Jan i Wanda (podróżować).
   (vii) Pani (móc) pisać na stole.
   (viii) Gdzie (być) drzwi?
   (ix)   Pan Kowalski (pracować).
   (x)   My (móc) pracować.
2. Put the nouns in brackets into the correct case:
   (i)   Telefon jest na (stół).
   (ii)   Podróżują po (Polska).
   (iii) Sklep jest w (Oksford).
   (iv)   Na (róg) jest księgarnia.

    (v) Jesteśmy w (*hotel*).
   (vi) Szkoła jest po (*droga*).
 (vii) Student jest na (*uniwersytet*).
(viii) Pracuje w (*sklep*).
3. Translate into Polish:

    Warsaw is in Poland. My brother works there. He works in a hotel, but just now he is not working, because he is in London. His wife is in London too. They are travelling together. Today they are in the park.

LESSON 4 (LEKCJA CZWARTA)

przewodnik (m.)—guide
miasto (n.)—town, city
dzień (m.)—day
spacer (m.)—walk
iść na spacer—to go for a
  walk
Wawel (m.)—name of royal
  castle in Cracow
Stary Rynek (m.)—name of
  central square in Cracow
rynek (m.)—market
długopis (m.)—ball-point pen
zeszyt (m.)—notebook,
  exercise book
dobry, dobra, dobre—good
stary, stara, stare—old
nowy, nowa, nowe—new
piękny, piękna, piękne—
  beautiful, fine

daleko (adverb)—far
otwarty, otwarta, otwarte—
  open
zamknięty, -ta, -te—shut
pieszo (adverb)—on foot
ten, ta, to—that, this
wszystko—everything
potem—then
zobaczyć—to see, have a
  look at
kupić—to buy
chcieć—to want
znajdować się—to be
  (situated)
znajdować—to find
proszę—please
proszę bardzo—by all means
zamek (m.)—castle
owszem—yes, indeed

PRONUNCIATION

1. In *wszystko* and *owszem* w is devoiced (pronounced like *f*).
2. The final nasal *ę* in *się* and *proszę* tends to be denasalized
   (pronounced like *e*).
3. In *piękny* the nasal letter *ę* is pronounced as if followed by *ng*
   (as if spelt *piengkny*). *Zamknięty* is pronounced as *zamknienty*.
4. Distinguish between the hard *cz* (tongue lying flat) and
   soft *ć* (tongue raised) in *zobaczyć*. Practise pronouncing hard
   sz in *zeszyt, wszystko, pieszo, owszem*.

GRAMMAR

1. In Lesson 3 we noted the use of *na* (not *w*) to translate English 'in' with the word *uniwersytet*: *na uniwersytecie*. Further words used with *na* are: *zamek*, *rynek* (including the proper name *Stary Rynek*), *Wawel*. Example: *na Wawelu*.

2. Nouns ending in *-ek* (they are all masculine) lose the *-e-* in all cases except the nominative singular. Thus: *na zamku* 'in the castle', *na rynku* 'in the market'.

3. The preposition *na* may also be used with the accusative, in which case it has a meaning of movement towards the noun. Thus, *na stole* 'on the table', but *na stół* 'on to the table'.

4. The accusative singular case of all neuter nouns (whatever they refer to) and of all masculine nouns referring to things (not animals or human beings) has the same form as the nominative singular. Thus *stół* is both nominative and accusative. The same is true of *okno*, *miasto*, *dzień*, etc.

5. Those nouns which take *na* (not *w*) with the prepositional to translate English 'in' also take *na* with the accusative to translate English 'to'. Thus: *na uniwersytet* 'to the university', *na zamek* 'to the castle', etc.

6. Note the vowel alternation in the stem of *miasto* 'town'; *w mieście* 'in the town'. The *a/e* alternation is a common feature. Further examples will occur later. (Note too that *s* becomes *ś*, being assimilated to following *ć*).

7. The new verbs in this lesson are *zobaczyć* and *kupić* (used here only in the infinitive) and the following verbs of Conjugation 1 (the *-e-* conjugation): *chcieć* (1st pers. sing. *chcę*, 3rd pers. sing. *chce*), *znajdować* (like *pracować*, etc.), and *znajdować się*. The last of these is a reflexive verb. Reflexive verbs are formed with the reflexive particle *się*, which is invariable and has a meaning similar to English 'self'. Reflexive verbs are often best translated by an English passive. Thus *znajdować się* is not so much 'to find oneself' as 'to be found' or 'to be located'.

8. Adjectives usually have the following endings in the nominative: *-y*, *-a*, *-e*. Example: *dobry kolega*, *dobra koleżanka*, *dobre krzesło*. The demonstrative adjective *ten*, *ta*, *to*, is thus somewhat irregular: *ten kolega*, *ta koleżanka*, *to krzesło*.

TEXT
(TEKST)

Jan i Wanda są jeszcze w Krakowie. Dzisiaj Wanda chce kupić przewodnik po mieście. Jest piękny dzień i idą razem na spacer. Chcą również zobaczyć zamek. W Krakowie znajduje się stary i piękny zamek—Wawel. Wawel nie jest bardzo daleko, więc mogą iść tam pieszo.

Ale właśnie teraz nie idą na zamek. Gdzie idą? Idą na Stary Rynek. A dlaczego tam idą? Idą na Stary Rynek, ponieważ tam jest dobra księgarnia, gdzie Wanda może kupić przewodnik po mieście. Potem idą na Wawel, ale po drodze mogą również zobaczyć miasto. Są w Krakowie po raz pierwszy, chcą więc wszystko zobaczyć.

CONVERSATION
(ROZMOWA)

—Dzień dobry!
—Dzień dobry pani!
—Chcę kupić długopis i zeszyt.
—Proszę bardzo.
—Czy to jest przewodnik po Wawelu?
—Nie. To jest przewodnik po mieście. Przewodnik po Wawelu może pani kupić w sklepie na rogu. To jest bardzo blisko.
—Ta nowa księgarnia na rogu? Czy jest jeszcze otwarta?
—Owszem.
—Dziękuję bardzo.

EXERCISES
(ĆWICZENIA)

1. Translate into Polish:
   The new shop on the corner is shut, but near here there is the market. We can buy everything there. Then we can go for a walk. I want to see the town. This town is very old. The market is here on the left.
2. Write out the following sentences converting the verbs from singular to plural:

   (i) Idę na uniwersytet.
  (ii) Pracuje na rynku.
 (iii) Możesz iść na spacer.
 (iv) Chcę zobaczyć Wawel.
  (v) Jestem w Krakowie.
 (vi) Dziękuję bardzo.

3. Write answers to the following questions:
   (i) Gdzie jest Wawel?
  (ii) Czy Jan i Wanda są w Poznaniu?
 (iii) Co Wanda chce kupić?
 (iv) Gdzie Jan pracuje?

LESSON 5 (LEKCJA PIĄTA)

mapa (f.)—map
wschód (m.)—east
zachód (m.)—west
północ (f.)—north
południe (n.)—south
Europa (f.)—Europe
Związek Radziecki (m.)—
 Soviet Union
Niemiecka Republika
 Demokratyczna (m.)—
 German Democratic
 Republic
stolica (f.)—capital
Gdańsk (m.)—Danzig,
 Gdansk
pogoda (f.)—weather
Wrocław (m.)—Breslau,
 Wroclaw
Śląsk (m.)—Silesia
deszcz (m.)—rain
podróż (f.) (gen. podróży)—
 journey
list (m.)—letter
kino (n.)—cinema
prawda (f.)—truth
to prawda—that is true
naprzeciwko + gen.—opposite

dom (m.)—home, house
mówić, mówię, mówi—to
 talk
lubić, lubię, lubi—to like
siedzieć, siedzę, siedzi—to
 sit
lać, leję, leje—to pour
leżeć, leżę, leży—to lie
patrzyć, patrzę, patrzy—to
 look
patrzyć na +acc. —to look at
planować, -uję, -uje—to plan
jechać, jadę, jedzie—to ride,
 to go (not on foot)
jaki, -a, -ie—what
okropny, -a, -e—awful
duży, -a, -e—big
cały, -a, -e—whole, all
też—also
już—already
wkrótce—soon
prawie—almost
o + prepos.—about
od + gen.—from
oto—here is
do + gen.—to

PRONUNCIATION

1. Note the irregular stress in *republika*.

2. Before fricatives nasal vowels are pronounced as written. Hence: *Związek Radziecki* (with *ą* as in French *on*); also *Śląsk*.
3. Note devoicing of *ż* to *sz* in *podróż, też, już*, and of *d* to *t* in *wschód, zachód, od.*

GRAMMAR

1. Note that *to* alone may be the equivalent of *jest* or *to jest*. Examples: *to prawda* 'that is true', *Warszawa to stolica Polski* 'Warsaw is the capital of Poland'.
2. The verb *jechać* has the same consonant alternation in its present tense as *iść* (*-dę, -dzie, -dą*), but notice also the *a/e* alternation in the stem:

singular	{	jadę jedziesz jedzie	plural	{	jedziemy jedziecie jadą

It must be used (not *iść*) to refer to movement not on foot, i.e. using transport (cars, horses, trains, etc.).
3. The stem vowel of Conjugation 2 is *-i-*, but owing to the fact that *i* must always be replaced by *y* when following *cz, sz, rz, ż*, it must more exactly be described as the *-i/y-* conjugation. The endings are the same as in Conjugation 1 (the *-e-* conjugation) and the vowel *-i-*, strictly speaking, appears only in parts other than 1st person singular and 3rd person plural. Nevertheless, the *letter -i-* is often used to show softening of the consonant preceding the ending. Example:

singular	{	lubię lubisz lubi	plural	{	lubimy lubicie lubią

(In *lubię* and *lubią* the letter *i* does not represent a vowel.)
Examples where the stem vowel is written *y*:

singular	{	leż—ę leż—ysz leż—y	patrz—ę patrz—ysz patrz—y
plural	{	leż—ymy leż—ycie leż—ą	patrz—ymy patrz—ycie patrz—ą

This conjugation too may have consonant alternations in the stem. Example:

1st sing. *siedzę*, 3rd plur. *siedzą* (with *-dz-*) but other forms (*siedzi*, etc.) with *-dź-* (written *-dzi-*).

4. Feminines with nominative singular ending in *-a*, have accusative singular ending in *-ę*. Example: *mapa, mapę*.
5. Feminines with nominative singular in *-a*, have genitive singular ending in *-y*. Example: *Warszawa, Warszawy*.
6. Whenever the stem ends in *k* or *g* the genitive ending *y* is replaced by *i*, because there is a general rule in Polish that *g* and *k* may never be followed by *y*. Example: *studentka* has genitive singular *studentki*.
7. The genitive singular of masculines (whether the stem ends in a hard or soft consonant) ends in *-a* or *-u*. The general rule is that the ending *-a* is used for persons and animals, whereas the ending *-u* is used for things. There are, however, so many qualifications and exceptions (e.g. names of towns often end in *-a* in the genitive) that it is best, at least in the early stages, to learn the genitive singular of each new masculine word as you meet it.

Examples:	*student* (nom.)	*hotel* (nom.)
	studenta (gen.)	*hotelu* (gen.)

8. The genitive singular of neuter nouns (hard and soft stems) ends in *-a*. Example: *miasto* (nom.), *miasta* (gen.).
9. With the majority of Polish nouns the preposition *do* + genitive translates English 'to'. Example: *do miasta* 'to the town'. Words like *zamek* 'castle' requiring *na* + accusative are relatively few. The preposition *do* (signifying movement) is thus opposed to *w* (signifying rest): *w Warszawie* 'in Warsaw'—*do Warszawy* 'to Warsaw' (cf. *na stole* 'on the table'—*na stół* 'on to the table').
10. The *ó/o* alternation which we have already observed is demonstrated again in *wschód: na wschodzie; zachód: na zachodzie*.
11. In this lesson we have our first examples of feminines ending in the nominative in a consonant: *północ, podróż*. This type has prepositional singular in *-y*. Thus: *w podróży* 'on a journey', *na północy* 'in the north'.

12. Note that the words denoting the points of the compass
and *Śląsk* 'Silesia' are among those that require *na* (not
do + gen. and *w* + prepos.). Note also *na wschód* od 'to the
east *of*' and so on.

TEXT
(TEKST)

Jan i Wanda są jeszcze w Krakowie, ale dzisiaj nie idą na
Wawel. Na Stary Rynek też nie idą. Siedzą w pokoju w hotelu,
ponieważ jest okropna pogoda. Leje deszcz. Ale Jan i Wanda
nie mówią o deszczu. Mówią o podróży. Patrzą na mapę
Polski i planują podróż. Lubią podróżować. Wkrótce jadą do
Warszawy.

Oto mapa Polski. Polska leży w Europie. Na wschód od
Polski leży Związek Radziecki, a na zachód od Polski jest Niemiecka Republika Demokratyczna. Oto Warszawa. Warszawa
to stolica Polski. To jest bardzo duże miasto. Na zachód od
Warszawy znajduje się Poznań. Tutaj jest dom Wandy i Jana.
W Poznaniu również pracują, ale teraz są w Krakowie.
Kraków jest na południu. Lublin jest na wschodzie. Na
północy jest Gdańsk. Wrocław jest na zachodzie. Wrocław
leży na Śląsku.

CONVERSATION
(ROZMOWA)

—Jaka okropna pogoda! Deszcz leje już prawie cały dzień.
—Tak. To prawda.
—Co pan pisze?
—Piszę list. W liście też piszę o pogodzie.
—A ja teraz idę do miasta.
—Do kina?
—Tak. Czy pan też idzie?
—Owszem.
—Możemy więc iść razem. Czy pan chce jechać czy iść pieszo?
—Czy to daleko? Gdzie znajduje się to kino?
—Kino jest bardzo blisko—prawie naprzeciwko parku.
—Więc możemy iść pieszo.

LEKCJA PIĄTA 25

EXERCISES
(ĆWICZENIA)

1. Answer the following questions:
    (i)   Czy Poznań leży na wschód od Warszawy?
    (ii) Gdzie jest Wrocław?
    (iii) Gdzie jest hotel Jana i Wandy?
    (iv) Dlaczego Jan i Wanda patrzą na mapę Polski?
    (v)   Czy Gdańsk leży na południe od Warszawy?
2. Write about 40 words under the heading: *Mapa Polski*.
3. Form sentences using the words shown:
    (i)   Jan—mówić—Poznań.
    (ii) Państwo—móc—kupić—mapa—tutaj.
    (iii) Ja—iść—do—szkoła.
    (iv) Pogoda—być—piękny.
    (v)   Oto—sklep—gdzie—pracować—mój—siostra.

LESSON 6 (LEKCJA SZÓSTA)

ruch (m.)—movement, traffic
festiwal (m.)—festival
tłum (m.)—crowd
książka (f.)—book
matka (f.)—mother
zbiór (m.)—collection
sztuka (f.)—art
ojciec (m.)—father
w domu—at home
Wisła (f.)—Vistula
Żoliborz (m.)—name of a
district of Warsaw
rzeka (f.)—river
koniec (m.)—end
pobyt (m.)—stay
ulica (f.)—street
rodzice (plur.)—parents
ładny—fine
międzynarodowy—
international
znany—famous, well-known

ciekawy—interesting
studiować, -uję, -uje—to
study
interesować, -uję, -uje—to
interest
spacerować—to go for a walk
padać, -am, -a—to fall
mieszkać, -am, -a—to live,
to reside
pamiętać, -am, -a—to
remember
już nie—no longer
jeszcze nie—not yet
znowu—again
tylko—only
jutro—tomorrow
szczególnie—especially
niedaleko + gen.—not far
from
wzdłuż + gen.—along
Jagielloński—Jagiellonian

PRONUNCIATION

1. There is an optional irregular stress in *festiwal*. The regular stress *festiwal* is, however, equally acceptable.
2. A true nasal vowel is found in *książka*, where *ą* precedes the fricative *ż* (here devoiced to *sz* by assimilation with voiceless *k*). In *międzynarodowy* and *pamiętać* the nasal letter *ę* precedes dentals (*dz* and *t*) and is consequently pronounced like *en*.

LEKCJA SZÓSTA 27

GRAMMAR

1. Conjugation 3 is distinguished by the presence of the vowel
   a, which appears *throughout* the present tense. This conjugation is very regular, being unaffected by vowel or consonant
   alternations. Example:

padać 'to fall'

$$\text{singular} \begin{cases} \text{padam} \\ \text{padasz} \\ \text{pada} \end{cases} \quad \text{plural} \begin{cases} \text{padamy} \\ \text{padacie} \\ \text{padają} \end{cases}$$

Particular attention should be given to the 1st person
singular ending *-am* and the 3rd person plural ending *-ają*,
since these are different from the other conjugations.

2. We are now in a position to revise, and extend a little,
   what we have learned about the prepositional singular:

   (i) The main ending for nouns of all genders with hard
   stems is *-e* with softening of the preceding consonant
   (shown by the letter *i*). Example: *sklep—w sklepie*.
   But certain consonants undergo a total change:
   stół—na stole, Polska—w Polsce.

   (ii) For masculines and neuters with stems ending in *k*,
   g and *ch* and certain other consonants (including soft
   consonants) the ending is *-u*. Example: *park—w parku*,
   deszcz—o deszczu, południe—na południu, pokój—w pokoju.

   (iii) Feminines with soft stems, such as *księgarnia*, take the
   ending *-i* in the prepositional. Example: *księgarnia—
   w księgarni*. (The stem ends in *-ń-*, which is written
   -ni- before a following vowel.)

   (iv) Feminines with stems ending in *-c*, *-ż*, or *-sz* take the
   ending *-y* in the prepositional. Examples: *stolica—w
   stolicy, ulica—na ulicy, północ—na północy, podróż—
   w podróży*.

   (v) There is a small number of masculines which have the
   irregular ending *-u*, despite the fact that their form
   would lead one to expect—*(i)e*. Examples: *pan—
   o panu, dom—w domu, syn* 'son'—*o synu*.

3. Feminine nouns with soft stems have genitive in *-i* (not *-y*).
   Example: *księgarnia—do księgarni*.

4. The genitive and prepositional of *pani* is the same as the nominative. Example: *pani—do pani—o pani*.

5. Adverbs are formed from adjectives by adding *-o* or *-e* to the stem. In the case of those adverbs formed with *-e* consonant alternations take place (the same as those occurring before *-e* in the prepositional singular of nouns). Example: *bliski* 'close'—*blisko* (adverb) 'closely or close' (the adverb is used in answer to the question 'where'), *szczególny* 'special'—*szczególnie* (adverb) 'especially', *dobry* 'good'—*dobrze* (adverb) 'good, well'.

6. When their presence is not necessary in order to avoid ambiguity, possessive adjectives qualifying kinship terms are omitted. Example: *Jestem w domu, ale mąż pracuje.* 'I am at home, but my husband is working'.

TEXT
(TEKST)

Już deszcz nie pada i pogoda jest znowu ładna. Jan i Wanda idą na spacer. Chcą kupić książkę, idą więc do księgarni. Księgarnia znajduje się niedaleko ich hotelu. Na ulicy jest duży ruch, ponieważ teraz w Krakowie jest Międzynarodowy Festiwal Sztuki. W księgarni też jest tłum, ale Jan i Wanda znajdują książkę. Potem idą razem na uniwersytet. W Krakowie jest znany Uniwersytet Jagielloński. Jest on bardzo stary i znany nie tylko w Polsce. Tam studiuje brat Wandy, ale teraz, ponieważ są wakacje, brat jest w domu, w Poznaniu. Wanda tylko chce zobaczyć, gdzie studiuje jej brat. Potem Jan i Wanda idą znowu na Wawel. Na Wawelu są bardzo ciekawe zbiory sztuki. To interesuje Wandę.

Po drodze do hotelu spacerują wzdłuż Wisły. Bardzo lubią Kraków, szczególnie rzekę. Dzisiaj jest koniec ich pobytu w Krakowie. Jutro jadą do Warszawy.

CONVERSATION
(ROZMOWA)

—Nie pamiętam, gdzie państwo mieszkają. Czy w Warszawie?
—Tak. Mieszkamy w Warszawie na Żoliborzu, niedaleko Wisły.

—Czy państwo również pracują w Warszawie?

—Ja jeszcze nie pracuję. Studiuję na uniwersytecie. Ale mąż pracuje.

—Czy siostra pani też studiuje?

—Nie. Ona pracuje w księgarni, ale już nie mieszka w Warszawie. Jest w Gdańsku, ponieważ teraz tam mieszkają również rodzice. Mieszkają razem. Moja matka już nie pracuje, ale ojciec jeszcze pracuje w hotelu.

—A pani nie chce również mieszkać w Gdańsku?

—Nie. Lubię Warszawę. Lubię mieszkać w stolicy.

—Ja również. Warszawa jest piękna, szczególnie Stare Miasto. Ale Gdańsk też jest piękny.

EXERCISES
(ĆWICZENIA)

1. Translate into Polish:
   Today we are going to Warsaw, but the weather is awful. It has been raining all day. I want to see Warsaw, because it is the capital of Poland. They say that (*że*) the Old Town is very interesting. My friend, Mr. Kowalski, lives there. He likes living (*say*: he likes to live) in the capital, but he also often travels round (*po*) Europe.

2. Write 40–50 words under the heading *Kraków*.

3. Convert the words in brackets to an appropriate form:
   - (i)   Jan (mówić) o (podróż) po (Polska).
   - (ii) Książka (leżeć) na (stół).
   - (iii) Spacerujemy wzdłuż (rzeka).
   - (iv) Pani (móc) kupić (książka) o (festiwal).
   - (v)   Czy państwo (mieszkać) w (Gdańsk)?

LESSON 7 (LEKCJA SIÓDMA)

wieczór (m.)—evening
kolacja (f.)—supper
obiad (m.)—lunch, dinner
  (taken approximately
  2–3 p.m.)
śniadanie (n.)—breakfast
pociąg (m.)—train
komunikacja (f.)—transport
kelner (m.)—waiter
dworzec (m.)—railway station
noc (f.)—night
ziemia (f.)—ground, earth
pytać (się)—to ask
  (pytam, pyta)
pytać o + acc.—ask about
odpowiadać, -am, -a—to
  reply
dowiedzieć się—to find out
postanowić—to decide
spać (śpię, śpi)—to sleep
cieszyć się, -ę, -y—to be glad
budzić (budzę, budzi)—to
  wake (transitive)
wstawać (wstaję, wstaje)—
  to get up

jeść (jem, je)—to eat
mieć (mam, ma)—to have
jak—how
z + gen.—from
do domu—home
  (homewards)
że (conj.)—that
między + inst.—between,
  among
chociaż—although
wczesny—early
wcześnie (adverb)—early
można—one may, it is
  possible
rano—in the morning
bardzo rano—very early in
  the morning
szybki, -a, -ie—quick
szybko—quickly
coś—something
przez + acc.—through
mokry—wet
niedługo—soon, before long
za + inst.—behind, outside

PRONUNCIATION

1. Note devoicing of *rz* to *sz* in *przez* (pronounced as if written *pszes*), and of *w* to *f* in *wstawać* and *wczesny*.

2. Remember that *rz* has the same pronunciation as *ż*, e.g. in *dworzec*.

GRAMMAR

1. Note that, as in English, the present tense can sometimes have a future meaning, e.g. *jutro jadę do Warszawy* 'Tomorrow I am going to Warsaw'.
2. The principles for forming the past tense are the same for all conjugations. The past tense stem is found by removing -*ć* from the infinitive and replacing it by -*ł*. Example: *być—był*. Unlike the present tense, the past tense varies according to *gender* (in addition to number and person).

Polish possesses a special grammatical category for plural nouns, adjectives, pronouns and participles, and also past tense verbs, referring to groups of male human beings (or groups including at least one male human being). The past tense has special forms in the plural for referring to such groups. Example:

past tense of pisać

	masculine	neuter	feminine
singular	1. pisał—em	—	pisał—am
	2. pisał—eś	—	pisał—aś
	3. pisał	pisał—o	pisał—a

	masculine-personal	non-masculine-personal
plural	1. pisal—iśmy	pisał—yśmy
	2. pisal—iście	pisał—yście
	3. pisal—i	pisał—y

In 1. and 2. plural of the past tense the stress is always on the third syllable from the end. Thus, for example, *pisaliśmy, pisaliście, pisałyśmy, pisałyście* are stressed on the *a*.
3. The verb *jeść* 'to eat' is irregular; the present tense is:

singular	jem	plural	jemy
	jesz		jecie
	je		jedzą

4. The accusative singular of masculine nouns referring to *human beings and animals* is the same as the genitive singular.

(We discovered in Lesson 4 that the accusative singular of masculine nouns referring to *things* is the same as the nominative.) Thus:

nominative singular   obiad   kelner
accusative singular   obiad   kelnera

5. The instrumental case has the meaning 'by means of'. It is formed in the case of singular masculine and neuter nouns by adding -*em* to the stem. If the preceding consonant is *g* or *k*, an -*i*- is inserted. Examples: *kino—kinem, obiad—obiadem, pociąg—pociągiem, park—parkiem.* The feminine instrumental singular is formed with the ending -*ą*. Example: *Wisła—Wisłą, księgarnia—księgarnią.* A number of prepositions, including *między* and *za*, govern the instrumental, but it may also occur with no preposition, e.g. *jedzie pociągiem* 'he travels by train'.
6. Note the *a/e* alternation in: *obiad—po obiedzie, dowiedzieć się—dowiedział się.*
7. Note the adverbs *wcześnie* (from *wczesny*), *szybko* (from *szybki*).

TEXT
(TEKST)

Jest już wieczór. Na kolacji w hotelu Jan mówi:
—Jutro jedziemy do Warszawy.
—Dobrze—odpowiada Wanda—a potem?
—Potem do domu—mówi Jan.

Jan już pytał się, jak można jechać z Krakowa do Warszawy i dowiedział się, że jest bardzo dobra komunikacja między Krakowem i Warszawą, szczególnie pociągiem. Postanowili więc jechać pociągiem.

Jan pyta kelnera o drogę na dworzec. Dworzec jest niedaleko hotelu. Idą spać wcześnie i śpią dobrze. Chociaż bardzo lubią Kraków, cieszą się, że jadą już jutro do Warszawy, ponieważ lubią podróżować. W nocy pada deszcz. Bardzo rano telefon budzi Jana i Wandę. Wstają szybko i jedzą śniadanie. Wanda ma jeszcze coś kupić, więc po drodze na dworzec idą do sklepu. Potem idą szybko przez park. Pogoda jest ładna, ale ziemia jest jeszcze mokra, ponieważ w nocy padał deszcz.

Wkrótce są w pociągu. Pociąg już jest w ruchu i niedługo są za miastem. Jedzą obiad w pociągu.

CONVERSATION
(ROZMOWA)

—Czy pan już jutro jedzie do domu?
—Tak. Jutro po obiedzie. Jadę pociągiem.
—Czy pan idzie na dworzec pieszo?
—Tak. To nie jest daleko. A teraz idę spać.
—Ja również.

EXERCISES
(ĆWICZENIA)

1. Translate into Polish:
    (i)   It rained in the night.
    (ii) I am going to Cracow by train.
    (iii) I wrote the letter quickly.
    (iv) My sister and her friend work in Lublin.
    (v)   Do you want to go by train?
    (vi) The weather was fine.
    (vii) At dinner Jan asked the waiter about the train.
    (viii) The book was on the table between the window and the telephone.
    (ix) I am going to the shop.
    (x)   They are living in a hotel near the park.
2. Convert the following sentences into the past tense:
    (i)   Dworzec znajduje się niedaleko kina.
    (ii) Wanda mówi o sztuce.
    (iii) Śpię dobrze.
    (iv) Rodzice podróżują po Polsce.
    (v)   Jesteśmy na dworcu.
    (vi) Czy pan jest w domu?
    (vii) Spacerujemy po parku.
    (viii) Jedziesz do miasta.
    (ix) Jadwiga mieszka w Krakowie.
    (x)   Kiedy Wanda jest w parku, Jan pracuje.

LESSON 8 (LEKCJA ÓSMA)

słońce (n.)—sun
gazeta (f.)—newspaper
autobus (m.)—bus
ciotka (diminutive: ciocia)
   (f.)—aunt, aunty
wuj (diminutive: wujek)
   (m.)—uncle
wujostwo (pl.)—uncle and
   aunt
dziecko (n.)—child
lekarz (m.)—doctor
lekarka (f.)—doctor
teatr (m.)—theatre
czas (m.)—time
w czasie + gen.—during
chwila (f.)—while
przez chwilę—for a while
ciepły—warm
ciepło (adverb)—warm
polski—Polish
gdański—adjective derived
   from Gdańsk
pałac (m.)—palace
kultura (f.)—culture

nauka (f.)—learning, science
jako—as
dawno—long ago, for a long
   time
oczywiście—of course,
   obviously
czytać, -am, -a—to read
świecić, -cę, -ci—to shine
powiedzieć, powiem, powie—
   to tell, say
ty—you (2nd person sing.)
wy—you (2nd person plur.)
oni/one—they
panowie—plur. of *pan*
panie—plur. of *pani*
poprzedni—former, previous
poprzednio—formerly,
   previously
wojna (f.)—war
zaprosić, -szę, -si—to invite
mieszkanie (n.)—flat
śródmieście (n.)—town
   centre

PRONUNCIATION

1. Note the devoicing of *rz* in *lekarz* (pronounced like *sz*).
2. There are only two syllables in *teatr*. The stressed syllable
   is *te-*.

GRAMMAR

1. Notice that in Polish adjectives often follow the noun. Examples: *Związek Radziecki, Teatr Polski, Dworzec Gdański*.
2. To denote an action which began in the past and continues in the present (equivalent of the English perfect tense, e.g. 'has been living') the present tense is used: *Już dawno mieszka w Warszawie* 'He has been living in Warsaw for a long time'.
3. Masculine and neuter genitive singular adjectives end in *-ego*. Example: *do nowego domu* 'to a new house'. If the stem ends in *-g-* or *-k-* the letter *i* is inserted. Example: *do Teatru Polskiego* 'to the Teatr Polski'.
4. Note that *dworzec* 'station' has genitive *dworca*. Nouns which end in *-ec* in the nominative singular regularly lose the *-e-* in all other cases. Preceding *-rz-* is replaced by *-r-*.
5. The future tense of the verb *być* 'to be' is as follows:

singular $\begin{cases} \text{będę} \\ \text{będziesz} \\ \text{będzie} \end{cases}$ plural $\begin{cases} \text{będziemy} \\ \text{będziecie} \\ \text{będą} \end{cases}$

6. When a noun or a noun phrase is the complement of part of the verb *być* 'to be' it appears in the instrumental case. Example: *Jestem studentem* 'I am a student', *Wuj Jana jest lekarzem* 'Jan's uncle is a doctor'.
7. The collective noun *wujostwo* 'uncle and aunt', like *państwo*, takes plural agreement, e.g. *wujostwo są* 'uncle and aunt are'.
8. Note the *a/e* alternation in *powiedzieć/powiedział* (but *powiedzieli*).

TEXT
(TEKST)

Pociąg jechał szybko. Jan czytał gazetę. Wanda przez chwilę czytała książkę, a potem patrzyła przez okno. Pogoda była ładna; słońce świeciło.

—W Warszawie będzie ciepło—powiedziała Wanda.

W Warszawie mieszkają wujostwo Jana. Wuj już dawno mieszka w Warszawie. W czasie wojny też tam mieszkał, jako

dziecko oczywiście. Teraz pracuje jako lekarz. Jego żona jest
również lekarką. Mieszkają na Żoliborzu niedaleko Dworca
Gdańskiego. Poprzednio mieszkali w śródmieściu, ale teraz
mają nowe mieszkanie. Zaprosili Jana i Wandę do nowego
mieszkania na Żoliborzu.

CONVERSATION
(ROZMOWA)

—Jestem po raz pierwszy w Warszawie, a jeszcze nie byłem
w teatrze.
—Tu blisko jest znany Teatr Polski. Czy pan tam był?
—Nie. Jak mówiłem, jeszcze nie byłem w teatrze.
—Teatr Polski jest dzisiaj zamknięty. Jutro będzie otwarty.
Ale dzisiaj idziemy do kina.
—Dzisiaj możemy iść do kina, a jutro do teatru.
—Kino jest daleko, w Pałacu Kultury i Nauki, jedziemy więc
autobusem.
—Czy panowie też jadą?
—Oczywiście!

EXERCISES
(ĆWICZENIA)

1. State which personal pronouns are implied by the following
   verbal forms (e.g. *pracujecie* implies *wy*):
   - (i)   Jesteś   (vi)   Pisałyście
   - (ii)   Mieszkam   (vii) Jadą
   - (iii) Idziemy   (viii) Siedzę
   - (iv)   Będzie   (ix)   Powiedziałam
   - (v)   Była   (x)   Czyta
2. Convert the phrases in brackets to an appropriate form:
   - (i)   Jadę do (Związek Radziecki).
   - (ii)   Na wschód od (Dworzec Gdański) leży Wisła.
   - (iii) Blisko (piękny park) jest nowy hotel.
   - (iv)   Pan Kowalski mieszka niedaleko (Nowe Miasto).
   - (v)   Idziemy do (stare mieszkanie).
3. Convert the following sentences to the plural:
   - (i)   Co pan czyta?
   - (ii)   Pani dobrze mówi.

(iii) Byłam w Krakowie.
(iv) Już dawno mieszkam w Gdańsku.
(v) Jutro tam będziesz.

LESSON 9 (LEKCJA DZIEWIĄTA)

peron (m.)—platform
syn (m.)—son
rodzina (f.)—family
nagły, -ła, -łe—sudden
nagle—suddenly
młody, -da, -de—young
centralny, -na, -ne—central

zajęty, -ta, -te—busy
smaczny, -na, -ne—tasty
smacznie—tastily
który, -ra, -re—who, which
nieraz—several times
wreszcie—at last

zatrzymywać się, -muję, -muje
zatrzymać się, -mam, -ma
} to stop (intransitive)

przyjeżdżać, -żdżam, -żdża
przyjechać, -jadę, -jedzie
} to arrive (not on foot)

poznawać, -aję, -aje
poznać, -am, -a
} to recognize

widzieć, -dzę, -dzi
zobaczyć, -czę, -czy
} to see

stać, stoję, stoi
 (imperfective only)
} to stand, to be standing

mówić, -wię, -wi
powiedzieć, powiem, powie
 (see Grammar, 5)
} to speak, tell, say

(po)rozmawiać, -wiam, -wia—to converse, chat

jechać, jadę, jedzie
pojechać, -jadę, -jedzie
} to go (not on foot), ride

(po)czekać, -kam, -ka na + acc.—to wait for
(z)robić, -bię, -bi—to do, make
(u)gotować, -uję, -uje—to cook

zabierać, -ram, -ra
zabrać, zabiorę, zabierze
} to take (out)

PRONUNCIATION

An effort should be made to distinguish between hard *sz* and
soft *ć* in *wreszcie*. However, in such combinations even Poles
have difficulties.

GRAMMAR

1. In addition to tense the Polish verb has a system of aspects.
Every verb is of either perfective or imperfective *aspect*.
(These terms should not be confused with the terms 'perfect'
and 'imperfect' used in relation to *tense* in some languages.)

As the equivalent of each English verb we must learn two
Polish verbs—one imperfective and one perfective. (There
is a small number of exceptions to this rule—i.e. Polish
verbs which exist in only one aspect, such as *stać* 'to be
standing' which is always imperfective.)

Most of the verbs we have learned in Lessons 1 to 8 have
been imperfective. A few, however, have been perfective,
including *zobaczyć* (perfective of *widzieć* 'to see'), *kupić*
(perfective of *kupować* 'to buy'), *dowiedzieć się* (perfective of
dowiadywać się 'to enquire, find out') and *postanowić* (perfective of *postanawiać* 'to decide').

FORMATION OF ASPECTS:

Difference of aspect may be indicated by:
  (i) Presence (in perfective) or absence (in imperfective) of
a prefix. Example: *ugotować* (perf.): *gotować* (imperf.) 'to
cook'.
  (ii) By variation in stem (and hence in conjugation).
Example: *kupić* (perf.): *kupować* (imperf.) 'to buy'.
  (iii) By use of completely different verbs (this is compara-
tively rare). Example: *zobaczyć* (perf.): *widzieć* (imperf.)
'to see'.

USAGE AND MEANING:

The Polish equivalent of each English verb must be learned
as an imperfective/perfective pair. Example: 'to see' =
widzieć (imperf.) and *zobaczyć* (perf.). From this lesson on-

wards all verbs (except those rare exceptions which have only one aspect) will be given in imperfective/perfective pairs.

Only the imperfective has a present tense. Example: *mówi* 'he says'. What appears from its form to be the present tense of a perfective verb, e.g. from *powiedzieć—powie*, is really the future. Thus, *powie* means 'he will say'. Further examples: *zobaczę* 'I shall see', *pojadę* 'I shall go, ride', *kupią* 'they will buy'.

In the past tense there is a difference in meaning between the imperfective and perfective forms. Imperfectives denote a greater interest in the process or in the action itself. They also denote actions of a vague, imprecise character, habitual (repeated) actions, and actions thought of as taking place over a period of time.

With perfective verbs the interest is in the completion of the action, the result rather than the process.

Certain English past tenses correspond very closely to the Polish imperfective. For example: 'he used to (see, write, etc.)' and 'he was (seeing, writing, etc.)' will nearly always be translated with imperfectives: *widział, pisał*, etc. The main difficulties arise in translating the English simple past tense, e.g. 'he saw', 'he wrote', and the infinitive.

2. The relative pronoun *który, która, które*, takes its number and gender from the noun it replaces, but its case from the clause in which it stands. Example: *zobaczył Wandę, która czekała* 'he saw Wanda, who was waiting'. Here *która* is in the nominative because it is the subject of its own clause, but feminine singular because *Wanda* is feminine singular.

3. The verb *móc* has an irregular past tense. The stem is *mogł-*. Hence *mogłem, mogłam, mogli, mogły*, etc. But in the third person masculine singular *-o-* is replaced by *-ó-*. Thus, *mógł*, 'he could'.

4. The accusative forms of the personal pronouns are as follows:

ja—mnie, mię	my—nas
ty—ciebie, cię	wy—was
on—jego, go	oni (masc.-personal)—ich
ono—je	one (non-masc.-personal)—je
pan—pana	panowie—panów
pani—panią	panie—panie
	państwo—państwa

After prepositions *jego, ją, ich* are prefixed by *n-* and become *niego, nią, nich.* Examples: *przez niego* 'through him' *od nich* 'from them'. As the direct object of verbs either long or short forms may be used, but only the long forms *mnie, ciebie, jego* can bear emphasis.

5. The future of the perfective verb *powiedzieć* 'to say, tell' is irregular, but belongs to the same type as *jeść* 'to eat' (Lesson 7, Grammar 3):

singular $\begin{cases} \text{powiem} \\ \text{powiesz} \\ \text{powie} \end{cases}$ plural $\begin{cases} \text{powiemy} \\ \text{powiecie} \\ \text{powiedzą} \end{cases}$

6. Note that adjectives occurring as the complement of *być* 'to be' are not in the instrumental, but in the nominative. Example: *ciocia Krysia jest młoda* 'aunty Chris is young'.

TEXT
(TEKST)

Pociąg zatrzymał się na dworcu. Wanda i Jan przyjechali do Warszawy, na Dworzec Centralny. Na peronie był tłum. Wanda patrzyła przez okno z pociągu i nagle zobaczyła ciocię Jana, która czekała na nich na peronie. Wanda poznała ją, ponieważ już nieraz widziała ją w Poznaniu.

—Jak to dobrze, że ciocia już tam stoi i czeka na nas— powiedział Jan. Ciocia Krysia jest młoda jeszcze i ładna.

Stali przez chwilę na peronie i rozmawiali, a potem z Dworca Centralnego pojechali autobusem do nowego mieszkania na Żoliborzu. W mieszkaniu czekał wuj. Czekał na Jana i Wandę, chociaż był bardzo zajęty. Cieszył się, że syn siostry przyjechał do Warszawy. Jan i wuj mówili o rodzinie, a ciocia Krysia i Wanda robiły kolację. Ciocia lubi gotować i gotuje smacznie.

Po kolacji ciocia zabrała Jana i Wandę do teatru—do Teatru Polskiego. Wuj nie mógł iść do teatru, ponieważ był jeszcze bardzo zajęty.

—Jak to dobrze—powiedziała Wanda po drodze do domu— że jesteśmy wreszcie w Warszawie.

CONVERSATION
(ROZMOWA)

—Czy pociąg z Warszawy już przyjechał?

—Nie. Właśnie dowiedziałam się, że jeszcze nie przyjechał.

—Czy pani również czeka na pociąg z Warszawy?

—Tak. Czekam na brata. Już dawno go nie widziałam. Cieszę się, że wreszcie przyjeżdża do Krakowa.

—A oto pociąg!

—Nie. To nie jest pociąg z Warszawy.

—To okropne! Nie lubię czekać na dworcu, szczególnie bardzo rano.

—Oto wreszcie przyjeżdża pociąg z Warszawy!

—Już widzę brata. Patrzy przez okno.

EXERCISES
(ĆWICZENIA)

1. Translate into Polish:

    My friend Jadwiga and her brother have just arrived from Cracow. I was waiting for them at the station. The train stopped and suddenly I saw Jadwiga. She was looking out of (*przez*) the window. Then I saw her young brother for the first time. He is a student. He is studying in Cracow. We have invited them to Warsaw. We live not far from the Old Town.

2. Put the following verbs into the past tense:

    (i)   przyjedzie   (iv) poczekam
    (ii) powiem   (v)   zatrzymają się
    (iii) zobaczymy   (vi) będziesz.

LESSON 10 (LEKCJA DZIESIĄTA)

brzeg (m.)—bank, shore
kawa (f.)—coffee
łóżko (n.)—bed
pokój stołowy (m.)—dining-
  room
pokój sypialny (m.)—
  bedroom
łazienka (f.)—bathroom
kuchnia (f.)—kitchen
fotel (m.)—armchair
szpital (m.)—hospital
praca (f.)—work
Praga (f.)—name of district
  of Warsaw (on the east
  bank)
tramwaj (m.)—tram
biblioteka (f.)—library
narodowy—national
cichy—quiet
gotowy—ready
późny—late
późno (adverb)—late

wygodny—comfortable
znajomy (m.)—acquaintance,
  friend
ostatni, -nia, -nie—last
pewny, -na, -ne—sure,
  certain
nazajutrz—the next day
bardziej—more
może—perhaps (also: może
  być)
wasz, -sza, -sze—your, yours
nasz, -sza, -sze—our, ours
jeden, jedna, jedno—one
dwa (fem. dwie)—two
trzy—three
cztery—four
gdy—when (not
  interrogative)
podczas + gen.—during
niż—than
pogoda (without adjective)—
  good weather

(wy)pić, -ję, -je—to drink
kłaść, kładę, -dzie
położyć, -żę, -ży } to lay down, put
kłaść/położyć się do łóżka—to go to bed
iść, idę, idzie
pójść, pójdę, pójdzie } to go (on foot)
wracać, -cam, -ca
wrócić, -cę, -ci } to return

odwiedzać, -dzam, -dza ⎫
odwiedzić, -dzę, -dzi ⎬ to call on, visit (people)

oglądać, -dam, -da ⎫
obejrzeć, -rzę, -rzy ⎬ to look at, look over

PRONUNCIATION

An irregular stress on *biblioteka* is sometimes heard, but the regular (penultimate) stress is preferable and should be adopted by foreign learners of Polish.

GRAMMAR

1. The nominative and accusative plural of masculine nouns (not denoting persons) and of feminine nouns is formed, if the stem is hard, by means of the ending *-y*. Examples: *teatr—teatry*; *dom—domy*; *sklep—sklepy*; *szkoła—szkoły*; *siostra—siostry*; *mapa—mapy*.

   If the stem ends in *k* or *g*, the ending is not *-y* but *-i*. Examples: *park—parki*; *książka—książki*; *biblioteka—biblioteki*.

   Feminine nouns ending in *-ć* have nominative and accusative plural in *-i* (written *-ci*). Example: *część* 'part'—*części* 'parts'.

   Masculine and feminine nouns with soft stems and also stems ending in *-c, -dz, -cz, -dż, -rz, -sz, -ż*, or *-j*, have nominative and accusative plural ending *-e* (this includes the nominative plural of masculine nouns denoting persons). Examples: *ulica—ulice*; *podróż—podróże*; *księgarnia—księgarnie*; *pokój—pokoje*.

   The accusative plural of masculine nouns denoting persons is in all cases the same as the genitive plural (to be dealt with later). The nominative plural of such nouns, apart from those described in the last paragraph, is formed in a special way which will also be dealt with later.

2. The nominative and accusative plural of neuter nouns is formed with the ending *-a*. This includes those neuter nouns which in the singular end in *-um* and are not declined. Examples: *krzesło—krzesła*; *okno—okna*; *łóżko—łóżka*; *muzeum* 'museum'—*muzea*.

3. The nominative and accusative plural of adjectives (except

those referring to male persons) is formed with the ending *-e*.
After *k* and *g* the ending is preceded by *-i-*. Examples:
ciekawa książka—ciekawe książki; *pokój sypialny—pokoje sypialne*;
polski teatr—polskie teatry.

4. There is a very small number of adjectives which have soft
stems. Example: *ostatni, ostatnia, ostatnie*.

5. The prepositional singular of adjectives ends in *-ym* in the
masculine and neuter (but *-im* after *k* or *g*, or if the stem is
soft) and in *-ej* in the feminine (*-iej* after *k* or *g* and in soft
stems). The feminine ending *-ej* (or *-iej*) is also used in the
genitive and dative singular of adjectives. The masculine
ending *-ym* (*-im*) is also used in the instrumental singular.
Examples: *Pracuje w dużym szpitalu* 'He works in a big
hospital'; *Mieszkają w ostatnim domu* 'They live in the last
house'; *w Bibliotece Narodowej* 'in the National Library';
Warszawa jest dużym miastem 'Warsaw is a big town'.

6. The direct object of a negative verb is always in the genitive
case. This also applies to the complement of the impersonal
construction with *nie ma* 'there is not'. Examples: *Nie lubię
miasta* 'I do not like the town'; *Nie ma kawy* 'There is no
coffee'.

TEXT
(TEKST)

Gdy przyjechali do domu, pili kawę i rozmawiali o teatrze.
Potem siedzieli przy stole i pisali listy. W mieszkaniu było cicho.
Wuj już położył się do łóżka. Gdy Jan i Wanda napisali listy,
również położyli się do łóżka. Ciocia jeszcze pracowała w
kuchni.

Nazajutrz Jan wstał wcześnie i poszedł do pokoju stołowego.
Śniadanie było już tam gotowe. Ciocia Krysia siedziała
przy stole, piła kawę i czytała list. Wuj Adam siedział w fotelu.

Mają bardzo wygodne mieszkanie. Jest tam kuchnia,
łazienka, pokój stołowy i dwa pokoje sypialne. W pokoju
stołowym są dwa fotele, cztery krzesła i jeden stół. Stół stoi przy
oknie, więc podczas śniadania Jan mógł patrzeć przez okno na
ulicę. Ulice były mokre, ale słońce już świeciło. Jan pamiętał,
że podczas jego ostatniego pobytu w Warszawie było bardzo
ciepło.

Gdy Wanda wstała, było późno. Wuj już pojechał do pracy.

Pracuje w dużym szpitalu na Pradze, na wschodnim brzegu Wisły. Rano wstaje i jedzie tramwajem do szpitala, a wieczorem wraca też tramwajem.

Po śniadaniu Wanda powiedziała: —Chcę dzisiaj pójść do Biblioteki Narodowej.

—Dobrze—odpowiedział Jan.—Jestem pewny, że jest bardzo ciekawa, ale nie interesuje mnie, szczególnie dzisiaj. Dzisiaj będzie pogoda. Będzie ciepło. Odwiedzę więc starego znajomego, który mieszka niedaleko Starego Miasta. Po drodze mogę oglądać domy i sklepy na Starym Mieście. To interesuje mnie bardziej niż biblioteka.

CONVERSATION
(ROZMOWA)

—Co państwo chcą dzisiaj zobaczyć?

—Ja chcę zobaczyć miasto, szczególnie Stare Miasto. Jeszcze nie widzieliśmy Starego Miasta.

—A pan?

—Ja również pojadę na Stare Miasto, a potem chcę zobaczyć wasze teatry.

—Czy pan był w Teatrze Polskim?

—Owszem. Ale jeszcze nie widziałem Teatru Narodowego.

—Pojedziemy więc do Teatru Narodowego. A może państwo chcą również zobaczyć nasze parki?

—Tak. Ale dzisiaj nie mamy czasu. Jest już późno.

—Dobrze. Dzisiaj pojedziemy na Stare Miasto. Przyjadę do hotelu państwa po obiedzie.

EXERCISES
(ĆWICZENIA)

1. Put the words in brackets into the appropriate case:
   - (i) Mój ojciec jest (*lekarz*).
   - (ii) Mamy trzy (*książka*).
   - (iii) Byliśmy w (*nowy teatr*).
   - (iv) Pracuje w (*nowa szkoła*).
   - (v) Poszedł do (*pokój stołowy*).
   - (vi) Siedziała w (*duży fotel*).
   - (vii) Odwiedziłem (*polski kolega*).

(viii) Warszawa jest (*piękne miasto*).
 (ix) Podróżują po (*Polska*).
  (x) Podczas (*ostatnia wojna*) mieszkał na (*Praga*).
2. Convert the following sentences to the plural:
   (i) Tu jest książka.
  (ii) Tam stoi stół.
 (iii) Widziałem ciekawy film.
  (iv) Biblioteka jest zamknięta.
   (v) Gdzie jest łóżko?
  (vi) To jest nasz dom.
 (vii) Pytałem się o pociąg.
(viii) Czyta polską książkę.
  (ix) Napisała list.
   (x) Czy studentka jest zajęta?
3. Translate into Polish:
   (i) Where is the armchair?
  (ii) The library is quiet.
 (iii) Breakfast is ready.
  (iv) My friend lives in the Old Town.
   (v) We shall be in the park tomorrow.

LESSON 11 (LEKCJA JEDENASTA)

język (m.)—language, tongue
nauczycielka (f.)—teacher, schoolmistress
warszawiak (m.)—inhabitant of Warsaw
bomba (f.)—bomb
świat (m.)—world
ruina (f.)—ruin
fabryka (f.)—factory
centrum (n.)—centre
turysta (m.)—tourist
słownik (m.)—dictionary
angielski, -ska, -skie—English
niemiecki, -cka, -ckie—German
rosyjski, -ska, -skie—Russian

inny, -nna, -nne—other
wszystek, -tka, -tko—all
dumny, -na, -ne—proud (z + gen.—of)
pierwszy, -sza, -sze—first
drugi, -ga, -gie—second
światowy, -wa, -we—world (adj.)
ważny, -na, -ne—important
polityczny, -na, -ne—political
kulturalny, -na, -ne—cultural
tak . . . jak—as . . . as
na szczęście—fortunately
niestety—unfortunately
mały, -ła, -łe—small, little
po angielsku—in English

(po)szukać, -am, -a + gen.—to look for

znajdować, -uję, -uje
znaleźć, znajdę, -dzie } to find

(na)uczyć, -czę, -czy + gen.—to teach

znać, znam, zna (only imperfective) } to know

pokazywać, -uję, -uje
pokazać, -żę, -że } to show

padać, -am, -a
paść, padnę, padnie (padł) } to fall

(z)budować—to build

odbudowywać, -dowuję, -uje
odbudować, -duję, -duje } to rebuild

(za)interesować się + inst.—to be (become) interested in

PRONUNCIATION

1. Note the assimilation in the ending of the infinitive *znaleźć*, pronounced as if written with *-ść*.
2. In past tenses such as *mógł*, *szedł*, *padł*, the *-ł-* is silent in normal colloquial speech; i.e. pronounced as *muk*, *szet*, *pat*.

GRAMMAR

1. The most common ending for the dative singular of masculine nouns is *-owi*. Examples: *Jan—Janowi*; *język—językowi*; *kelner—kelnerowi*.

   There is, however, a small number of masculine nouns which take the ending *-u*. These are all nouns with monosyllabic stems. (They may nevertheless have two syllables in the nominative singular.) Of the masculines we have learned so far only the following take *-u*: *ojciec—ojcu*; *pan—panu*; *brat—bratu*; *świat—światu*.

   Neuter nouns always take *-u* in the dative singular. Examples: *kino—kinu*; *śniadanie—śniadaniu*; *okno—oknu*.

   The dative singular of feminine nouns is always the same as the prepositional singular. Examples: *siostra—siostrze* (dat. and prep.); *matka—matce* (dat. and prep.).

2. Masculine nouns denoting persons with soft stems and stems ending in, *-cz*, *-rz*, *-sz*, *-ż*, or *-l*, have nominative plural in *-e* (cf. Lesson 10, Grammar, para. 1). Example: *lekarz—lekarze*. They are thus not distinguished from masculine nouns with the same kind of stem denoting animals and things, such as *szpital*—nom. plur. *szpitale*.

   But if the stem of a masculine personal noun is hard (and does not end in one of the sounds listed above), its nom. pl. ends in *-owie* or *-i* (*-y* after certain consonants).

   The *-owie* ending is used mainly (but not exclusively) for nouns denoting professions, titles and family relationships. Examples: *pan—panowie*; *ojciec—ojcowie*; *syn—synowie*; *mąż—mężowie* (note vowel alternation); *wuj—wujowie*. (The nom. plur. of *brat* is irregular: *brat—bracia*.)

   The *-i* (*-y*) ending may cause a change in the preceding consonant. These consonant alternations are largely the same as those occurring in the prepositional singular, viz:

    d—dź (written *dzi*)
    t—ć (written *ci*)
    st—ść (written *ści*)
    ch—ś (written *si*) (different from prep. sing.)
    k—c (written *cy*)
    g—dz (written *dzy*)
    r—rz (written *rzy*)

Examples: *student—studenci*; *kolega—koledzy*; *kelner—kelnerzy*; *Warszawiak—Warszawiacy*; *turysta—turyści*.
These changes also affect adjectives. Examples: *stary pan—starzy panowie*; *polski student—polscy studenci*. And, in addition, adjectival stems manifest certain further alternations:

    sz—ś (written *si*). Example: *pierwszy—pierwsi*
    ż—ź (written *zi*). Example: *duży—duzi*
    ł—l (written *li*). Example: *cały—cali*

The masculine personal nominative plural of *wszystek* (rarely used in the nominative singular) is *wszyscy*.
3. The prepositional plural of all nouns ends in *-ach*. Examples: *w domach*; *w szkołach*; *o językach*.

TEXT
(TEKST)

Wanda poszła do Biblioteki Narodowej. Chciała tam poszukać angielskiej książki, której nie mogła znaleźć w Poznaniu. Wanda bardzo interesuje się językiem angielskim i dobrze mówi po angielsku. Zna również inne języki: rosyjski i niemiecki. Pracuje jako nauczycielka i uczy rosyjskiego. Jan poszedł na Stare Miasto i odwiedził starego znajomego, który mieszka niedaleko. Jan poznał go w Poznaniu, ale nie zna go bardzo dobrze. Znajomy, Stanisław, powiedział Janowi, że może go odwiedzić, gdy będzie w Warszawie. Na szczęście Stanisław był w domu. Więc Jan i Stanisław poszli na spacer po mieście.
Jan był w Warszawie nie po raz pierwszy, ale nie znał Warszawy tak dobrze jak Stanisław, który jest warszawiakiem. Stanisław chciał pokazać Janowi stolicę. Jak wszyscy warszawiacy jest dumny z Warszawy. Ponieważ jest młody, nie znał Warszawy przed wojną. Warszawa była pierwszym miastem w

Europie, na które padły bomby niemieckie w czasie drugiej wojny światowej. Po wojnie całe miasto było w ruinach.

Warszawiacy odbudowali miasto i teraz jeszcze budują nowe domy, fabryki i szkoły. Warszawa jest znowu ważnym centrum politycznym i kulturalnym. Do Warszawy przyjeżdżają turyści z całego świata.

CONVERSATION
(ROZMOWA)

—Dzień dobry!
—Dzień dobry panu!
—Szukam słownika angielsko-polskiego.
—Proszę bardzo.
—Ten słownik jest bardzo mały. Już mam mały słownik.
—Niestety nie mamy innego słownika angielsko-polskiego.
  Może pan znajdzie w innej księgarni.
—Dziękuję bardzo.
—Dziękuję panu.

EXERCISES
(ĆWICZENIA)

1. Translate into Polish:

    Jan's friend Stanisław teaches English in a small school in Warsaw. When Jan was in Warsaw he visited him at the school. Unfortunately Stanisław was very busy, but his brother showed Jan the school.

    After lunch Jan and Stanisław went home. They sat in the dining-room and drank coffee. Jan, who works in a factory in Poznan, was telling Stanisław about his work there, when Stanisław's parents arrived. When they were all ready, they went to the theatre.

2. Convert the following sentences to the plural:
    (i) Angielski student przyjechał późno.
    (ii) To jest ciekawy język.
    (iii) Zbudował nowy dom.
    (iv) Bomba padła na fabrykę.
    (v) Czytam nową książkę.

LESSON 12 (LEKCJA DWUNASTA)

milicjant (m.)—policeman

radio (n.)—radio

samochód (m.)—car

restauracja (f.)—restaurant

nazwisko (n.)—name (surname)

tydzień (m.) (gen. *tygodnia*; stem of all oblique cases—*tygodn*-)—week

piwo (n.)—beer

egzamin (m.)—examination

Paryż (m.)—Paris

Moskwa (f.)—Moscow

kawiarnia (f.)—cafe

miły—nice, pleasant

bardzo mi miło—I am pleased (to meet you)

obcy—foreign

także—also

przypadek (m.)—chance

przychodzić, -dzę, -dzi
przyjść, -yjdę, -yjdzie } to arrive, come (on foot)

kupować, -uję, -uje
kupić, -pię, -pi } to buy

odbierać, -am, -a
odebrać, -biorę, -bierze } to receive

wychodzić, -dzę, -dzi
wyjść, -jdę, -jdzie } to go out (on foot)

musieć, -szę, -si—must (to be obliged, compelled) (only imperfective)

przypadkiem—by chance

bo—because, for

często—often

chyba—probably, no doubt

podobno—I understand, it seems

dużo—a lot, much, many

część (f.)—part

różny—various, different

za + acc.—in (in expressions of time)

(za)pytać, -am, -a—to ask, enquire

(z)męczyć się, -czę, -czy—to get tired

(po)dziękować, -uję, -uje—to thank

(po)słuchać, -am, -a + gen.—to listen

odpowiadać, -am, -a ⎫
odpowiedzieć, -wiem, -wie ⎬ to answer, reply

zwiedzać, -am, -a ⎫
zwiedzić, -dzę, -dzi ⎬ to visit (places)

spotykać, -am, -a ⎫
spotkać, -am, -a ⎬ to meet

PRONUNCIATION

Note that in *także* the *-k-* is voiced by assimilation with the *-ż-*. The word is thus pronounced as if written *tagże*.

GRAMMAR

1. The accusative and instrumental singular of feminine adjectives ends in *-ą*. Thus:

   Widziałem nową szkołę 'I saw a new school'
   Znalazł dobrą kawiarnię 'He found a good cafe'
   Za starą fabryką 'Behind the old factory'

   Take care not to confuse feminine nouns with masculines ending in *-a*. Example: *dobry kolega* 'a good friend'; *mam dobrego kolegę* 'I have a good friend'.

2. The prepositional plural of adjectives (all genders) ends in *-ych* (in the case of soft-stemmed adjectives and those whose stem ends in *-k-* or *-g-* the ending is *-ich*). Examples: *w językach obcych* 'in foreign languages'; *w polskich miastach* 'in Polish towns'.

3. The opposite of *jest* meaning 'there is' (Example: *W pokoju jest telefon* 'In the room there is a telephone') is *nie ma* 'there is not' (Example: *W pokoju nie ma telefonu*) with the genitive.

4. Note the use of *za* and *przez* in expressions of time. Examples: *Siedzieli przez chwilę* 'They sat for a while'; *Wróci za chwilę* 'He will return in a while'.

5. The past tense of *iść* is: masculine *szedł*, feminine *szła*, neuter *szło*; masculine personal plural *szli*, non-masculine-personal plural *szły*. Similarly in compounds of *iść*. Example: *przyszedł* 'he came'.

6. Note the vowel alternation in the present tense of *brać* 'to take' (imperfective):

singular $\begin{cases} 1.\ \text{biorę} \\ 2.\ \text{bierzesz} \\ 3.\ \text{bierze} \end{cases}$ plural $\begin{cases} \text{bierzemy} \\ \text{bierzecie} \\ \text{biorą} \end{cases}$

Similarly, in compounds such as *odebrać* 'to receive' (perfective).

REVISION

1. Declension of *dobry sklep* (omitting forms not yet covered):

Nom. dobry sklep
Acc. dobry sklep
Gen. dobrego sklepu
Dat.   sklepowi
Inst. dobrym sklepem
Prep. (w) dobrym sklepie

2. Declension of *nowa szkoła*:

Nom. nowa szkoła
Acc. nową szkołę
Gen. nowej szkoły
Dat. nowej szkole
Inst. nową szkołą
Prep. (w) nowej szkole

TEXT
(TEKST)

Na spacerze Jan i Stanisław zmęczyli się, bo było ciepło. Poszli więc do kawiarni i przez chwilę siedzieli i pili piwo. Potem Jan podziękował Stanisławowi i poszedł do domu. Po drodze spotkał wuja, który szedł z pracy, więc poszli razem do domu i rozmawiali o planach na wieczór. Jan powiedział wujowi o Stanisławie.

Gdy przyszli do domu, Wanda i ciocia Krysia już robiły kolację.

—Czy odwiedziłeś Stanisława?—zapytała ciocia.

—Owszem—odpowiedział Jan—Na szczęście znalazłem go w domu. Zwiedziliśmy różne części miasta. Potem spotkałem wuja i przyszliśmy razem do domu.—

Podczas kolacji Wanda powiedziała Janowi, co robiła w Bibliotece Narodowej.

—Na szczęście znalazłam angielską książkę, której szukałam. Szukałam także księgarni, gdzie są książki w językach obcych.–
—Znalazła pani?—zapytał wuj.
—Owszem—odpowiedziała Wanda—Zapytałam milicjanta o drogę.—
Po kolacji słuchali radia. Wuj właśnie kupił ładne nowe radio; może ono odbierać Londyn, Paryż, Moskwę i inne obce stolice.
Przypadkiem przyjechał pan Kowalski, kolega wuja, który często go odwiedza. Gdy wszyscy byli gotowi, zabrał ich samochodem do restauracji.

CONVERSATION
(ROZMOWA)

—Dzień dobry pani. Czy pan Kowalski jest w domu?
—Niestety nie ma go. Właśnie wyszedł, ale chyba wróci za chwilę.
—Jestem jego kolegą. Pracujemy razem. Czy mogę poczekać?
—Proszę bardzo. Jestem jego siostrą.
—Bardzo mi miło. Moje nazwisko Nowak. Pani jest podobno studentką?
—Tak. Za tydzień mamy ostatni egzamin, więc teraz muszę dużo pracować.

EXERCISES
(ĆWICZENIA)

1. Put the words in brackets into the appropriate case:
   (i) Szukam (inny słownik).
   (ii) Pan Kowalski jest (dobry mąż).
   (iii) Pytali (milicjant).
   (iv) Zwiedziliśmy (ciekawa część) miasta.
   (v) Często chodzi do (Biblioteka Narodowa).
   (vi) Pracują w (szpital).
   (vii) Mieszkają w (różne części) miasta.
   (viii) Budują (nowa fabryka).
   (ix) Wisła jest (ładna rzeka).
   (x) Nie ma (pan Kowalski).

2. Answer the following questions in Polish:
  (i)   Gdzie mieszkają warszawiacy?
  (ii) Czy w Krakowie jest uniwersytet?
  (iii) Jakie jest pana/pani nazwisko?
  (iv) Jak można jechać z Warszawy do Krakowa?
  (v)   Czy pan/pani mówi po polsku?

LESSON 13 (LEKCJA TRZYNASTA)

poniedziałek (m.)—Monday
sobota (f.)—Saturday
niedziela (f.)—Sunday
czwartek (m.)—Thursday
odjazd (m.)—departure
ludzie—people
bilet (m.)—ticket
politechnika (f.)—polytechnic
plac(m.)—square
konstytucja (f.)—constitution
cudzoziemiec (m.)—
  foreigner
Anglik (m.)—Englishman
Polak (m.)—Pole
ogród (m.)—garden
miejsce (n.)—place
przepraszam—excuse me

saski—Saxon
warszawski—adjective
  derived from *Warszawa*
wiele + gen.—much, many
żeby—in order to
wcześniej—earlier, before
tuż—just
do widzenia—goodbye
swój, swoja, swoje—one's,
  his, etc., see Grammar 4
mimo to—nevertheless
u + gen.—at, with, by
przed + inst.—before (time
  or place), in front of
w + acc.—on (in expressions
  of time)
widać—it is evident

(s)kończyć się, -czę, -czy—to end (intransitive)
wyjeżdżać, -am, -a
wyjechać, -adę, -edzie } to depart, leave
odjeżdżać, -am, -a
odjechać, -adę, -edzie } to move off, depart
odpoczywać, -ywam, -ywa
odpocząć, -cznę, -cznie } to rest
skręcać, -cam, -ca
skręcić, -cę, -ci } to turn
zamierzać, -am, -a
  (imperfective only) } to intend
odprowadzać, -dzam, -dza
odprowadzić, -dzę, -dzi } to accompany, see off

(za)wołać, -am, -a—to call
(na)uczyć się, -czę, -czy + gen.—to learn
(po)żegnać, -am, -a + acc.—to take leave of, say goodbye
wbiegać, -am, -a ⎫
wbiec, wbiegnę, wbiegnie ⎬ to run on to
  (*past*: wbiegł) ⎭

PRONUNCIATION

Note the irregular stress in *politechnika*.

GRAMMAR

1. The main function of the vocative is to address a person. It
has a special form only in the singular of masculine and
feminine nouns. In the plural the vocative always has the
same form as the nominative.

   The masculine singular vocative nearly always has the
same form as the prepositional singular. Examples: *Janie!*
bracie! Polaku! lekarzu! The main exceptions to this rule are
nouns with stem in *-c*, which have vocative in *-cze* and
prepositional in *-cu*. Examples: *ojciec* 'father' has vocative
ojcze! and prepositional *ojcu*. Another exception is *pan*,
which has vocative *panie* and prepositional *panu*.

   Nouns with nominative singular ending in *-a* (masc.
and fem.) have vocative in *-o*. Examples: *Wando! Kolego!*

2. The genitive plural of masculine nouns with hard stems
(including those with nominative singular ending in *-a*)
ends in *-ów*. Examples: *student*: *studentów*; *film*: *filmów*;
kolega: *kolegów*.

   Feminine nouns with the ending *-a* in the nominative
singular and all neuter nouns have no ending in the genitive
plural. Examples: *ulica*: *ulic*; *mapa*: *map*; *miasto*; *miast*; *miejsce*:
miejsc.

   Masculine and feminine nouns with soft stems take the
ending *-i* in the genitive plural. Examples: *ludzie*: *ludzi*;
wakacje: *wakacji*; *część*: *części*.

   Feminines with stems in *c, dz, cz, rz, ż, sz*, whose nominative singular does not end in *-a*, have genitive plural in *-y*.
Examples: *noc: nocy; podróż: podróży*.

Masculines with stems in *c, dz, cz, rz, ż, sz*, have either
-y or *-ów* in the genitive plural. Examples: *mąż: mężów*;
lekarz: lekarzy.
3. The nominative plural of *dzień* is *dni* (or *dnie*). (All cases
except nominative singular have the stem *dn-*.)
4. The possessive adjective *swój* always refers to the subject of
the sentence. It may therefore be translated as 'my', 'your',
'his', 'her', 'its', 'our', or 'their', depending on the subject.
Example: *Czytam swoją książkę* 'I am reading my book'.
5. The genitive plural ending of adjectives coincides with the
prepositional plural ending, viz. *-ych* (*-ich*). Examples: *stare
miasta: starych miast*; *nowe autobusy: nowych autobusów*.

REVISION

1. Declension of *dobre sklepy* (omitting forms not yet covered):
   Nom. dobre sklepy
   Acc. dobre sklepy
   Gen. dobrych sklepów
   Prep. (w) dobrych sklepach

2. Declension of *miasta polskie* (only forms learned so far):
   Nom. miasta polskie
   Acc. miasta polskie
   Gen. miast polskich
   Prep. (w) miastach polskich.

TEXT
(TEKST)

Jan i Wanda zatrzymali się cztery dni u wuja i cioci w
Warszawie. Zwiedzili wiele ciekawych miejsc i poznali dużo
ciekawych ludzi. Oczywiście nie mieli czasu, żeby zobaczyć
wszystko, ale nie mogli zatrzymać się w Warszawie, ponieważ
wakacje się kończyły. Musieli wrócić do pracy w poniedziałek,
więc wyjechali z Warszawy w sobotę, bo w niedzielę chcieli
odpocząć w domu. Chociaż zamierzali odpocząć w czasie
wakacji, byli tak zajęci, że w końcu zmęczyli się bardzo. W
sobotę wuj i ciocia odprowadzili ich na dworzec, żeby ich
pożegnać.

Pan Kowalski zabrał wszystkich swoim samochodem na dworzec, ale mimo to przyjechali późno, ponieważ na ulicach był duży ruch. Było nie tylko wiele samochodów i autobusów, ale również tłumy ludzi. Na szczęście kupili bilety już trzy dni wcześniej w czwartek. Wbiegli na peron tuż przed odjazdem pociągu.

—Do widzenia Wando! do widzenia Janie!—zawołali wuj, ciocia i pan Kowalski, gdy pociąg odjeżdżał.

Pociąg był już w ruchu. Wkrótce Jan i Wanda byli za Warszawą.

CONVERSATION
(ROZMOWA)

—Przepraszam, czy może mi pan powiedzieć, gdzie znajduje się Politechnika Warszawska?
—Tak. Czy pan wie, gdzie jest plac Konstytucji?
—Nie. Nie znam dobrze Warszawy. Jestem tu po raz pierwszy. Plac Konstytucji jest chyba na Starym Mieście?
—Nie, proszę pana. Pan jest cudzoziemcem?
—Tak. Jestem Anglikiem. Przyjechałem do Warszawy, żeby nauczyć się polskiego.
—Widać, że pan nie jest Polakiem, ale pan dobrze mówi po polsku.
—Czy Politechnika jest daleko?
—Jesteśmy w Ogrodzie Saskim. Oto Marszałkowska. Musi pan iść do placu Konstytucji. Potem proszę skręcić na prawo.
—Dziękuję bardzo.
—Proszę bardzo.

EXERCISES
(ĆWICZENIA)

1. Re-write the following sentences replacing the words in brackets with the appropriate form (genitive plural). (The direct object of negative verbs is always in the genitive.)

   (i) Nie znam ich (nazwisko).
   (ii) Szukaliśmy (stara książka).
   (iii) Zwiedzili wiele (cicha ulica).
   (iv) Jeszcze nie kupiłem (bilet).
   (v) Przyjeżdżają z (różne miasto) Polski.
   (vi) Tam było dużo (samochód angielski).

(vii) Nie rozumie (język obcy).
(viii) W Warszawie jest wiele (ciekawe miejsce).
 (ix) Mieszkaliśmy u (warszawski kolega).
  (x) Nie ma (polska gazeta).

LESSON 14 (LEKCJA CZTERNASTA)

pasażer (m.)—passenger
akcent (m.)—accent
las (m.)—forest
pole (n.)—field
oczy (pl.)—eyes (sing.—*oko*)
kanapka (f.)—sandwich
mięso (n.)—meat
ser (m.)—cheese
Anglia (f.)—England
rodzinny—native
Łódź (f.) (oblique cases with *Ło-*)—town in Central Poland
zdjęcie (n.)—photograph

wrażenie (n.)—impression
warszawianka (f.)—female inhabitant of Warsaw
samouk (m.)—self-taught person
naprawdę—really, indeed
sam, sama, samo—self
piątek (m.)—Friday
oraz—as well as, and also
na + acc.—for (in expressions of time)
skąd—whence, where from
z + inst.—with

rozpakowywać, -owuję, -owuje
rozpakować, -kuję, -kuje } to unpack
dawać, daję, daje
dać, dam, da (see Grammar 7) } to give
zaczynać, -am, -a
zacząć, -cznę, -cznie } to begin
opowiadać, -am, -a
opowiedzieć, opowiem, opowie } to tell, relate
dojeżdżać, -am, -a
dojechać, dojadę, dojedzie } to reach (not on foot)

PRONUNCIATION

Samouk consists of three syllables and is stressed on the *o*.

GRAMMAR

1. The instrumental plural endings are *-ami* for nouns (all genders) and *-ymi* (*-imi*) for all adjectives. Examples: *z innymi pasażerami* 'with the other passengers'; *różnymi pociągami* 'by various trains'.
2. The dative singular adjectival endings are *-ej* for the feminine and *-emu* for the masculine and neuter. Examples: *Powiedział swojej nowej koleżance* 'He told his new friend (fem.)'; *Podziękował młodemu Polakowi* 'He thanked the young Pole'.
3. The dative plural endings are *-om* for nouns (all genders) and *-ym* (*-im*) for all adjectives. Examples: *Pokazywał zdjęcia innym pasażerom* 'He showed the photographs to the other passengers'.
4. The full declension of the personal pronouns is as follows:

Nom.	ja	ty	on	ono	ona
Acc.	mnie	ciebie	jego	je	ją
	mię	cię	go		

Gen.	mnie	ciebie	jego	jej
		cię	go	
Dat.	mnie	tobie	jemu	jej
	mi	ci	mu	
Inst.	mną	tobą	nim	nią
Prep.	(o) mnie	(o) tobie	(o) nim	(o) niej

Nom.	my	wy	oni	one
Acc.	nas	was	ich	je

Gen.	nas	was	ich
Dat.	nam	wam	im
Inst.	nami	wami	nimi
Prep.	(o) nas	(o) was	(o) nich

Those forms in oblique cases which begin with the letters *j* or *i* are changed after prepositions by the addition of *n-*. Hence:

jego after prepositions → *niego*
jemu after prepositions → *niemu*

je	after prepositions → *nie*
jej	after prepositions → *niej*
ją	after prepositions → *nią*
ich	after prepositions → *nich*
im	after prepositions → *nim*

Pan, pani, państwo also function as second person pronouns. *Pan* is declined like a masculine noun. *Państwo* is declined like a neuter noun, except for its accusative: *państwa* (same as the genitive), but other parts of speech agreeing with it have masculine personal forms. Examples: *Państwo byli* 'you were'; *Czy państwo są gotowi?* 'Are you ready?' The declension of *pani* is as follows:

	Singular	Plural
Nom.	pani	panie
Acc.	panią	panie
Gen.	pani	pań
Dat.	pani	paniom
Inst.	panią	paniami
Prep.	pani	paniach
Voc.	pani	panie

5. The accusative plural of all nouns, pronouns and adjectives referring to male human beings or groups including at least one male human being is the same as the genitive plural. Examples: *Wanda pożegnała innych pasażerów* 'Wanda said goodbye to the other passengers'; *Zobaczyłem ich* 'I saw them' (i.e. a group of people including at least one male human being). (Cf. Lesson 10, Grammar 1.)

6. The adjective *sam, sama, samo* 'self', in all cases except the nominative singular, has the same endings as other adjectives. Example: *do niego samego* 'to him himself'. Note its use with an emphatic meaning, as in *do samej Warszawy* 'to Warsaw itself' or 'all the way to Warsaw'; *do samej ziemi* 'right down to the ground'.

7. The perfective future of *dać* 'to give' belongs to the same type as *jeść* 'to eat' (see Lesson 7, Grammar 3):

singular { dam / dasz / da   plural { damy / dacie / dadzą

Apart from its irregular 3 pers. plur., however, it fits Conjugation 3 (the -*a*- conjugation).

8. The preposition *na* with the accusative is used in expressions of time to denote a point or period in the future. Examples: *Wyjechała na tydzień* 'She went away for a week'; *Zaprosił ją na sobotę* 'He invited her for Saturday'.

TEXT
(TEKST)

W pociągu Wanda i Jan rozmawiali z innymi pasażerami. Między nimi był młody Anglik, student z Oksfordu, który podróżował po Polsce jako turysta. Mówił po polsku, ale z akcentem angielskim. Przez chwilę Wanda rozmawiala z nim po angielsku. Jan patrzył przez okno na pola i lasy. Poznań był jeszcze daleko, ale on już szukał go oczami.

Przed odjazdem Wanda zrobiła na drogę wiele kanapek z mięsem i serem. Teraz je rozpakowała i dała kanapkę Janowi oraz młodemu Anglikowi.

Jan rozmawiał o Poznaniu z młodym Anglikiem, który jeszcze tam nie był, chociaż był już po raz drugi w Polsce. Anglik opowiadał Polakom o Anglii, a Polacy opowiadali Anglikowi o Polsce. Jan chętnie opowiada o swoim mieście rodzinnym, ponieważ jest dumny z Poznania. Anglik pokazywał innym pasażerom zdjęcia swojej rodziny. Potem Jan pokazywał swojemu nowemu znajomemu zdjęcia Poznania, które sam zrobił. Wanda także opowiadała mu o Poznaniu i o szkole, gdzie uczy. Tak wiele mówili o Poznaniu, że gdy pociąg dojeżdżał do miasta, Anglik miał wrażenie, że już je zna.

Gdy pociąg zatrzymał się, Jan i Wanda pożegnali innych pasażerów, ale jeszcze przez chwilę rozmawiali na peronie ze swoim angielskim znajomym. Zaprosili go do domu na piątek.

CONVERSATION
(ROZMOWA W POCIĄGU)

—Czy pani również jedzie do Łodzi?
—Nie. Jadę do samej Warszawy.
—Ale ten pociąg zatrzymuje się w Łodzi?

—Owszem. Ale Łódź jest jeszcze daleko. Jeszcze nie dojechaliśmy do Kalisza, proszę pana.
—Dziękuję bardzo. Widać, że pani dobrze zna tę drogę.
—Oczywiście! Jestem warszawianką. A pan skąd jest?
—Jestem Anglikiem. Mieszkam w Londynie.
—Co pan mówi! Ale pan dobrze mówi po polsku. Jak pan się uczył języka polskiego?
—Jestem samoukiem.
—Naprawdę? Dobrze pan się uczył.

EXERCISES
(ĆWICZENIA)

1. In the sentences given substitute a pronoun for the noun underlined:
    (i) Podziękowałam koleżance.
    (ii) Lubię Polaków.
    (iii) Interesują się językami.
    (iv) Spotkał Stanisława.
    (v) Szukam Wandy.
    (vi) Opowiadała Polakom o Anglii.
    (vii) Stoi przed biblioteką.
    (viii) Pokazywał zdjęcia siostrze.
2. Convert the following sentences to the plural:
    (i) Turysta kupuje książkę.
    (ii) Czy pani chce kanapkę?
    (iii) Opowiada Anglikowi o Polsce.
    (iv) Student stoi przed sklepem.
    (v) Dam panu gazetę.

LESSON 15 (LEKCJA PIĘTNASTA)

charakter (m.)—character
dla + gen.—for
handlowy—trade (adj.)
  (from: handel (m.)—
  trade)
maszynowy—machine (adj.)
  (from: maszyna (f.)—
  machine)
metalowy—metal (adj.)
  (from: metal (m.)—
  metal)
mniej więcej—more or less
ośrodek (m.)—centre,
  nucleus
panowanie (n.)—rule
pod + inst.—under

połowa (f.)—half (w połowie
  drogi—half way)
przemysł (m.)—industry
przemysłowy—industrial
rok (m.)—year
rola (f.)—role
targ (m.)—fair, market
uczelnia (f.)—seat of learning
wschodni—eastern
zachodni—western
przeciwnie—on the contrary
życie (n.)—life
nigdy—never
należeć, -żę, -ży do + gen.
  (only imperfective)—to
  belong to

(roz)dzielić, -lę, -li—to divide
odgrywać, -am, -a ⎱
odegrać, -am, -a ⎰ rolę—to play a role
(s)tracić, -cę, -ci—to lose
odbywać się, -am, -a ⎱
odbyć się, odbędę, odbędzie ⎰ to take place
wzrastać, -am, -a ⎱
wzrosnąć, -snę, -śnie ⎰ to increase
(prze)żyć, -ję, -je—to live, be alive

Berlin (m.)—Berlin
poznański—Poznan (adj.)
Rzesza Niemiecka (f.)—the
  German Reich
Warta (f.)—river Warta

Wielkopolska (f.)—Great
  Poland
nad + inst.—over, above
  (nad rzeką—on the river)

PRONUNCIATION

Note that in the prepositional singular of *przemysł* the *s→ś* (in addition to *ł→l*): *przemysł—w przemyśle*.

GRAMMAR

1. Note the use of *co* as the equivalent of English 'every' in expressions of time. Examples: *co rok* 'every year', *co tydzień* 'every week'.
2. The numeral *dwa* is declined as follows:

	Masculine and Neuter (non-personal)	Feminine
Nom.	dwa	dwie
Acc.	dwa	dwie
Gen.	dwóch, dwu	dwóch, dwu
Dat.	dwom, dwu	dwom, dwu
Inst.	dwoma	dwiema, dwoma
Prep.	(o) dwóch, dwu	(o) dwóch, dwu

3. Note the use of *nie* together with negative adverbs. Example: *Nigdy nie pracuje* 'He never works'.
4. The enclitic pronouns *mię, cię, go, mi, ci, mu* (cf. Lesson 14, Grammar 4) may be regarded as alternatives to the longer forms *mnie, ciebie, jego, tobie, jemu* in most cases, but it is important to remember that only the long forms can bear emphasis. Also, the short forms cannot be used after prepositions. Examples: *dla ciebie* 'for you' (*cię* cannot be used here); *na mnie* 'at me' (not *mię*).
5. Note that, whereas in the accusative plural words referring to groups including male *human beings* have the same form as the genitive, in the singular the accusative of words referring to masculine *human beings and animals* is the same as the genitive.
6. The declension of *mój* is as follows:

		Singular	
	Masculine	Feminine	Neuter
Nom.	mój	moja, ma	moje, me

Singular

	Masculine	Feminine	Neuter
Acc.	mój, mojego mego	moją, mą	moje, me
Gen.	mojego, mego	mojej, mej	mojego, mego
Dat.	mojemu, memu	mojej, mej	mojemu, memu
Inst.	moim, mym	moją, mą	moim, mym
Prep.	(o) moim, mym	(o) mojej, mej	(o) moim, mym

Plural

	Non-masculine-personal	Masculine-personal
Nom.	moje, me	moi
Acc.	moje, me	moich, mych
Gen.		moich, mych
Dat.		moim, mym
Inst.		moimi, mymi
Prep.		(o) moich, mych

The declension of *twój* and *swój* follows the same pattern. (Note that *moi, moim, moich* consist of two syllables; *moimi* consists of three. In careful pronunciation -*j*- may be heard; i.e. they are pronounced as if written *moji, mojim, mojich, mojimi*. But this is not obligatory.)

The short forms *ma, me, mego, mej*, etc., are characteristic of a literary style.

7. Note the use of the suffixes -*ski* and -*owy*, to derive adjectives from nouns. Examples: *Warszawa—warszawski*; *maszyna—maszynowy*; *przemysł—przemysłowy*.

REVISION

The complete declension of *student polski* is as follows:

	Singular	Plural
Nom.	student polski	studenci polscy
Acc.	studenta polskiego	studentów polskich
Gen.	studenta polskiego	studentów polskich
Dat.	studentowi polskiemu	studentom polskim

	Singular	Plural
Inst.	studentem polskim	studentami polskimi
Prep.	(o) studencie polskim	(o) studentach polskich
Voc.	studencie polski!	studenci polscy!

TEXT
(TEKST)

Oto co Jan mówił swojemu angielskiemu znajomemu o Poznaniu:

Wielkopolska znajduje się w zachodniej części Polski, a Poznań, stolica Wielkopolski, leży mniej więcej w połowie drogi między Berlinem a Warszawą. Poznań jest bardzo starym miastem, a także ważnym centrum handlowym i przemysłowym. Dużą rolę odgrywa tu przemysł maszynowy i metalowy. Bardzo znane są Międzynarodowe Targi, które odbywają się w Poznaniu co rok.

Poznań jest także centrum nauki i kultury; znajduje się tu uniwersytet oraz inne uczelnie, na których uczy się dużo studentów.

Przed pierwszą wojną światową Poznań należał do Rzeszy Niemieckiej, ale nigdy nie stracił swojego polskiego charakteru. Przeciwnie, był ośrodkiem życia narodowego dla Polaków, którzy żyli pod panowaniem niemieckim w Wielkopolsce.

Poznań leży nad rzeką Wartą, która dzieli miasto na dwie części: zachodnią i wschodnią.

CONVERSATION
(ROZMOWA O POZNANIU)

—Mam wrażenie, że pan nie jest w Poznaniu po raz pierwszy.
—Nie. Uczyłem się na Uniwersytecie Poznańskim i teraz mniej więcej co rok przyjeżdżam do Poznania na Międzynarodowe Targi.
—Czy pan pracuje w przemyśle?
—Tak. Pracuję w przemyśle maszynowym, ale teraz przyjechałem odwiedzić znajomych. Mieszkają w zachodniej części miasta za Wartą.
—Ja też tam mieszkam.
—Naprawdę? Czy pan już dawno tu mieszka?

—Tak. To jest moje miasto rodzinne. Moi rodzice też tu mieszkają. Mieszkali tutaj, kiedy Poznań jeszcze należał do Rzeszy Niemieckiej.

EXERCISES
(ĆWICZENIA)

1. Compose 50 words on the subject *Miasta Polski.*
2. Translate into Polish:
   (i) He has not yet lost his English accent.
   (ii) The Polish students come to Oxford every year.
   (iii) Suddenly I saw the other foreigners myself.
   (iv) My parents live in another part of the town.
   (v) Where are you from?
   (vi) I bought a book in order to study the Polish language.
   (vii) We unpacked the sandwiches and gave them to his parents.
   (viii) On Friday we are going to the theatre.
   (ix) I have the impression that he works in the metal industry.
   (x) London is my native town.
3. Convert the following sentences to the plural:
   (i) Czy pan ma samochód?
   (ii) Anglik pożegnal swojego polskiego kolegę.
   (iii) Czy pani zna jego nauczycielkę?
   (iv) Mam dobrą koleżankę.
   (v) Zna język obcy.
   (vi) Szukałam biletu.

LESSON 16 (LEKCJA SZESNASTA)

walka (f.)—struggle, fight
wojsko (n.)—troops, army
kościół (m.)—church
budynek (m.)—building
zniszczenie (n.)—destruction
uszkodzenie (n.)—damage
pobliże (n.)—vicinity
ratusz (m.)—town-hall
muzeum (n.)—museum
katedra (f.)—cathedral
pożar (m.)—fire
przyrost (m.)—growth
ludność (f.)—population
rozwój (m.)—development
budowa (f.)—construction
dzielnica (f.)—quarter (of a
    town)
instytucja (f.)—institution
teren(m.)—area
jezioro (n.)—lake
historyczny—historical
mieszkaniowy—residential
socjalny—social
bogaty—rich
trochę—a little
wioska (f.)—village
port (m.)—port
Bałtyk (m.)—the Baltic Sea

pod + acc.—towards (in
    time)
ciężki—heavy, difficult
lub—or
wspaniały—magnificent,
    splendid
renesansowy—Renaissance
    (adj.) (derived from
    renesans (m.))
wokół or wokoło + gen.—
    around
magnacki—magnates'
    (derived from *magnat* (m.))
wśród + gen.—among, in
    the midst
Działyński—name of noble
    family
Ostrów Tumski—area of
    Poznań including
    Cathedral (derived from
    archaic *ostrów* 'island' and
    tum 'cathedral').
wielki—great
w ostatnim czasie—recently
główny—main
głównie—mainly
północny—northern, north
ciąg dalszy—continuation

ulegać, -am, -a ⎫
ulec, -gnę, -gnie ⎬ + dat.—to undergo, suffer, submit to
(past: uległ-) ⎭
(z)niszczyć, -ę, -y—to destroy
pociągać, -am, -a ⎫
pociągnąć, -nę, -nie ⎬za sobą—to entail

PRONUNCIATION

Take care to distinguish between hard palatals *sz, szcz*, and *ż* in such words as *zniszczenie, uszkodzenie, pobliże, pożar*, and soft palatals *ś, ć, ź*, and *ść* in *wśród, ciężki, jezioro, kościół*.

GRAMMAR

1. Neuters, such as *centrum, muzeum*, ending in *-um* are undeclined in the singular. The plural paradigm is as follows:

Nom. muzea
Acc. muzea
Gen. muzeów
Dat. muzeom
Inst. muzeami
Prep. (o) muzeach

2. The reflexive pronoun has no nominative. It is declined as follows:

Acc. siebie
Gen. siebie
Dat. sobie
Inst. sobą
Prep. (o) sobie

Examples: *Mówi tylko o sobie* 'He talks only of himself'; *Pracują dla siebie* 'They work for themselves'. The literal meaning of *pociągać za sobą* is 'to draw after itself'—hence 'to entail'.

3. The comparative forms of adjectives are made by adding the suffix *-szy* to the stem. Example: *stary* 'old'—*starszy* 'older'. The superlative consists of the comparative plus the prefix *naj-*. Example: *starszy* 'older'—*najstarszy* 'oldest'. In some cases, however, the comparative is formed with the

suffix *-ejszy*, which causes the preceding consonant to change. (The changes are the same as those occurring in the prepositional singular of nouns.) Examples: *ciepły* 'warm'—*cieplejszy* 'warmer', *piękny* 'fine'—*piękniejszy* 'finer'.

Adjectives ending in *-ki* (including *-eki*, *-oki*) drop the *-k-* before adding *-szy* or *-ejszy*. Examples: *daleki* 'far'—*dalszy* 'further', *szybki* 'quick'—*szybszy* 'quicker'.

Some comparatives and superlatives are completely irregular: *dobry* 'good'—*lepszy* 'better'—*najlepszy* 'best'; *mały* 'small'—*mniejszy* 'smaller'—*najmniejszy* 'smallest'; *duży* 'big'—*większy* 'bigger'—*największy* 'biggest'.

4. Most comparative adverbs are formed according to the following pattern:

> *pięknie* 'nicely'—*piękniej* 'more nicely'
> *szybko* 'quickly'—*szybciej* 'more quickly'.

But some are irregular: *dobrze* 'well'—*lepiej* 'better'; *mało* 'little'—*mniej* 'less'; *dużo* 'much'—*więcej* 'more'.

The comparative of *bardzo* is *bardziej* (cf. Lesson 10). Many adjectives form their comparatives with *bardziej*. Example: *znany* 'famous'—*bardziej znany* 'more famous'. In a few cases either kind of comparative is possible. Example: *bogaty* 'rich'—*bogatszy* or *bardziej bogaty* 'richer'.

The equivalent of English 'than' is either *niż* (with the nominative) or *od* (with the genitive). Example: *Kraków jest piękniejszy niż Warszawa* 'Cracow is finer than Warsaw'.

REVISION

Review of various types of vowel alternation:

(i) a—e Examples: *jadę—jedzie*; *miasto—w mieście*
(ii) ó—o Examples: *kościół—do kościoła*; *swój—swoja*
(iii) o—e Examples: *do kościoła—w kościele*; *odbiorę—odbierze*.
(iv) ą—ę Examples: *mąż—męża*; *pociągnął—pociągnęła*.

TEXT
(TEKST)

Co Jan mówił swojemu angielskiemu znajomemu o Poznaniu (ciąg dalszy). Pod koniec drugiej wojny światowej Poznań był niejscem ciężkich walk między wojskami niemieckimi i radzieckimi. Dużo domów, kościołów, bibliotek i innych budynków uległo zniszczeniu lub ciężkiemu uszkodzeniu.

W pobliżu Starego Rynku znajduje się wiele historycznych budynków. Na Starym Rynku jest wspaniały renesansowy Ratusz, a wokół Rynku stoją pałace magnackie—wśród nich Pałac Działyńskich. Na Ostrowie Tumskim znajduje się Katedra. Pod koniec wojny wielki pożar zniszczył Katedrę, ale po wojnie Polacy odbudowali ją, jak też inne budynki historyczne. Muzeum Narodowe w Poznaniu ma bogate zbiory sztuki.

Przyrost ludności i rozwój przemysłu w ostatnim czasie pociągnęły za sobą budowę całych nowych dzielnic mieszkaniowych oraz instytucji socjalnych. Nowe domy znajdują się głównie na nowych terenach, ale także w starych dzielnicach.

Na południe od Poznania jest Wielkopolski Park Narodowy, a na północny zachód od miasta znajduje się duże jezioro Kierskie. W Wielkopolskim Parku Narodowym też jest jezioro—jezioro Góreckie.

CONVERSATION
(ROZMOWA)

-Czy Poznań jest starym miastem?
-Owszem. Jest jednym z najstarszych miast Polski.
-A Warszawa?
-Poznań jest trochę starszy od Warszawy.
-Ale Warszawa jest większa od Poznania.
-Oczywiście.
-Jakie są najnowsze miasta Polski?
-Jednym z najnowszych miast jest Gdynia. Przed pierwszą wojną światową Gdynia była małą wioską, a teraz jest jednym z największych portów Bałtyku.

EXERCISES
(ĆWICZENIA)

1 Translate into Polish:
Poznan is one of the oldest towns in Poland. It has many

historic churches and other buildings. But Poznan is also an industrial town and an important centre of trade. When I was in Poland, I met a student from Poznan. He told me a lot about the town.

2. Convert the following into negative sentences, by adding *nie* and substituting the genitive for the accusative in the direct object:
   (i) Stracił swój charakter polski.
   (ii) Planują międzynarodowe targi.
   (iii) Lubię polskie piwo.
   (iv) Znał Warszawę przed wojną.
   (v) Studiuje język polski.

3. Replace the words underlined by a pronoun:
   (i) Powiedziałam koleżance, że widziałam Jana w mieście.
   (ii) Wanda pożegnała innych pasażerów.
   (iii) Anglik pokazywał Janowi zdjęcia Oksfordu.
   (iv) Pracuje razem z Wandą.
   (v) Opowiadał nam o rodzicach.

4. Replace the adjectives in brackets by an appropriate comparative form:
   (i) Wanda pracuje (szybko) niż Jan.
   (ii) Oksford jest (mały) od Londynu.
   (iii) Uczył się (dużo) od brata.
   (iv) Warszawskie teatry są (dobre).

LESSON 17 (LEKCJA SIEDEMNASTA)

przyjaciel (m.)—friend
obietnica (f.)—promise
natychmiast—immediately
taksówka (f.)—taxi
zmęczony—tired
południowy—southern
piętro (n.)—floor, storey
pół—half
kwadrans (m.)—quarter of
  an hour
głodny—hungry
minuta (f.)—minute
godzina (f.)—hour
pięć—five
sześć—six
siedem—seven
osiem—eight
dziewięć—nine
dziesięć—ten
około + gen.—about
temu—ago
wtorek (m.)—Tuesday
  (we wtorek—on Tues.)
środa (f.)—Wednesday
  (we środę—on Wednesday)
o + prep.—at (expressions
  of time)

jedzenie (n.)—food
przyjaciółka (f.)—friend
przyjemny—pleasant
zadowolony—pleased, glad
nic—nothing
(za)dzwonić, -nię, -ni—to
  ring, telephone
wiedzieć, wiem, wie—to know
obiecywać, -uję,
  -uje ⎱
  ⎰ to promise
obiecać, -am, -a ⎰
dotrzymywać,
  -uję, -uje ⎱
  ⎰ + gen.
dotrzymać, ⎰ to keep
  -am, -a ⎰
zapraszać, -am,
  -a ⎱
  ⎰ to invite
zaprosić, -szę, ⎰
  -si ⎰
trzeci—third
czwarty—fourth
piąty—fifth
szósty—sixth
siódmy—seventh
ósmy—eighth
dziewiąty—ninth
dziesiąty—tenth

PRONUNCIATION

1. Note the nasal vowel in *kwadrans*, pronounced as if written *kwadrąs*.
2. Remember that in *zmęczony, piętro* the nasal letter is pronounced as if written *en*; in *pięć, dziewięć, dziesięć*, as if written *eń*; and in *piąty, dziewiąty, dziesiąty*, as if written *on*.
3. Take care to differentiate hard and soft palatals in such words as: *sześć* (hard *sz*, but soft *ść*), *trzeci* (hard *trz*, but soft *ć*), *przyjaciel* (hard *prz*, but soft *ć*).

GRAMMAR

1. The verb *wiedzieć* 'to know' has an irregular present tense. (But it belongs to the same type as *jeść* 'to eat'; see Lesson 7, Grammar 3.)

singular $\left\{\begin{array}{l}\text{wiem}\\\text{wiesz}\\\text{wie}\end{array}\right.$ plural $\left\{\begin{array}{l}\text{wiemy}\\\text{wiecie}\\\text{wiedzą}\end{array}\right.$

The past stem is *wiedział-*.

2. The main structures connected with telling the time of day are as follows:

> *która jest godzina?* 'what is the time?'
> *o której (godzinie)?* 'at what time?'
> *o pierwszej* 'at one o'clock'
> *o drugiej* 'at two o'clock', etc.
> *pół do pierwszej* 'half past twelve'
> *pół do czwartej* 'half past three' and so on.

Similarly with *o* 'at':

> *o pół do drugiej* 'at half past one'
> *o pół do dziesiątej* 'at half past nine'

'past' is translated by *po*. Examples:

> *kwadrans po ósmej* 'a quarter past eight' and also 'at a quarter past eight'
> *dziesięć (minut) po piątej* 'ten (minutes) past five' and also 'at ten (minutes) past five'

'to' is translated by *za*. Examples:

> *za kwadrans szósta* 'a quarter to six' and also '*at a* quarter to six'
> *za pięć (minut) dziewiąta* 'five (minutes) to nine' and also '*at* five (minutes) to nine'.

Note also the use of the prepositions *przed* 'before' and *około* 'about'. Examples: *przed ósmą* 'before eight o'clock'; *około pierwszej* 'at about one o'clock'.

3. Note the use of adverbial forms in such phrases as: *Było dobrze* 'it was all right'; *będzie bardzo przyjemnie* 'it will be very pleasant'.

4. Note the use of the instrumental in certain expressions of time, including *wieczorem* 'in the evening'.

5. Adjectives, such as *zadowolony* and *zmęczony*, with stem ending in *-on-*, substitute *-e-* for *-o-* in the masculine personal nominative plural. Examples: *zadowolony—zadowoleni*; *zmęczony—zmęczeni*.

6. In indirect speech reported statements and questions retain the tense used in the implied original direct statement or question. (This is different from English, which *changes* the tense in reported speech.)

'He said he worked in London.' —*Powiedział, że pracuje w Londynie.* (The tense used in the implied original statement 'I work in London' or 'Pracuję w Londynie' is present. Therefore in Polish, unlike English, it remains in the present tense when reported.)

Similarly: 'I did not know whether they would come.' *Nie wiedziałem, czy przyjadą.* (The implied direct question is 'Will they come?' or 'Czy przyjadą?')

A Polish reported verb in the past tense is the equivalent of the English *pluperfect*. Example: *Nie wiedziałam, że mąż wrócił* 'I did not know that my husband had returned'.

7. As we have already seen, the numerals *dwa, trzy, cztery* are used with the plural. Example: *cztery krzesła* 'four chairs'.

Numerals above four, however, are used with the genitive plural. Examples: *pięć godzin* 'five hours'; *siedem nowych teatrów* 'seven new theatres'; *dziesięć biletów* 'ten tickets'. The verbs used with *dwa, trzy, cztery* are plural. Those with

pięć and above are singular (*neuter* singular in the past tense).
Example: *W restauracji było dziewięć stołów* 'In the restaurant
there were nine tables'.

(Note: This system of numerals relates only to *non-masculine-personal* nouns.)

TEXT
(TEKST)

Gdy Jan i Wanda żegnali swojego nowego przyjaciela na
dworcu, obiecał on, że odwiedzi ich w piątek i dotrzymał
obietnicy. Ale w poniedziałek Jan i Wanda musieli wrócić
do pracy. Wrócili do Poznania w sobotę wieczorem i natychmiast pojechali do domu. Chociaż mieszkają niedaleko dworca,
pojechali taksówką, ponieważ byli bardzo zmęczeni.

Mają piękne mieszkanie w nowym budynku w południowej
części miasta niedaleko rzeki. Mieszkanie znajduje się na
trzecim piętrze.

Pociąg przyjechał do Poznania o pół do dziesiątej. Pięć
minut czekali na taksówkę i dziesięć minut później byli już w
domu. Byli zadowoleni, że wrócili do domu, ale Jan był
jeszcze głodny. Niestety Wanda zapomniała kupić jedzenia, a
sklepy były oczywiście zamknięte.

Nagle zadzwonił telefon. Dzwoniła Ewa, przyjaciółka
Wandy.

—Tak—powiedziała Wanda—właśnie przyjechaliśmy z
dworca. Dziesięć minut temu. Było bardzo przyjemnie, ale
teraz jestem zadowolona, że jestem w domu.—

Kiedy Wanda rozmawiała, Jan poszedł do kuchni, żeby
poszukać jedzenia, ale nic nie znalazł.

CONVERSATION
(ROZMOWA)

—Zapraszamy państwa na kolację we środę.
—Dziękuję bardzo. O której?
—Proszę przyjechać o szóstej.
—Niestety nie wiem, czy żona wróci do domu przed szóstą.
—Mogę zadzwonić do państwa we wtorek. Czy będzie pan
w domu około czwartej?

—Chyba trochę później. Czy może pani zadzwonić za kwadrans piąta?

—Proszę bardzo. Czy pan pamięta, że mieszkamy na czwartym piętrze?

EXERCISES
(ĆWICZENIA)

1. Write 100 words under the heading *Poznań*.
2. Write out in words in Polish the following times:
   (i) 9.30, (ii) 8.45, (iii) 1.50, (iv) 2.55, (v) 6.15.
3. Translate into Polish:
   (i)   Five hours later the train arrived in Poznan.
   (ii)   He bought six books.
   (iii) In the Old Town there are three museums.
   (iv)   I shall telephone you tomorrow at two o'clock.
   (v)   My parents have invited them to dinner on Sunday.
   (vi)   They will arrive at about one o'clock.
   (vii) I received five letters today.
   (viii) All the students are tired.
   (ix)   On Wednesday I shall be in London.
   (x)   I did not know that Ewa would invite Stanisław.

LESSON 18 (LEKCJA OSIEMNASTA)

blok (m.)—block
parter (m.)—ground floor
zegarek (m.)—watch
winda (f.)—lift
zupa (f.)—soup
ryba (f.)—fish
ogórek (m.)—cucumber
chleb (m.)—bread
rzecz (f.)—thing
zdanie (n.)—opinion
nareszcie—at last
poza + inst.—apart from
poza tym—besides, moreover
zbyt—too
zaraz—right away, at once
długi, -a, -ie—long
długo—for a long time
trzeba—it is necessary
trzeba było—it was necessary
trzeba będzie—it will be
  necessary
jedenaście—eleven
dwanaście—twelve
trzynaście—thirteen
czternaście—fourteen

piętnaście—fifteen
jedenasty—eleventh
dwunasty—twelfth
trzynasty—thirteenth
czternasty—fourteenth
piętnasty—fifteenth
spóźniać, -am,
  -a   } się—to be
spóźnić, -nię,   late
  -ni
uważać, -am, -a
  (imperfective only)—to
  think, consider
(za)szkodzić, -dzę, -dzi—to
  harm (nie szkodzi—it
  doesn't matter)
(z)martwić się, -wie, -wi—
  to worry
zmieniać, -am,
  -a   }
zmienić, -nię,   } to change
  -ni
(przy)witać, -am, -a—to
  greet, welcome

(z)denerwować się, -uję, -uje—to get upset, worry
(po)prosić, -szę, -si—to ask, request, invite
przekonywać, -uję, -uje }
przekonać, -am, -a   } to persuade

podawać, - aję, -aje ⎫
podać, -am, -a ⎭ to serve

zjeżdżać, -am, -a ⎫
zjechać, zjadę, zjedzie ⎭ to go down (not on foot)

siadać, -am, -a ⎫
siąść, siądę, siądzie ⎭ to sit down

zegarek stoi—the watch has stopped
(cf. *stać* 'to stand'—Lesson 9).

ten sam, ta sama, to samo—the same

PRONUNCIATION

1. The adverbial phrase *poza tym* is pronounced as if it were one word, stressed on the -a: *poza tym*.
2. The letter *ę* in *piętnaście* and *piętnasty* is pronounced like *e*. These words are thus pronounced as if written *pietnaście* and *pietnasty*. This is a unique and irregular feature of these words and their derivatives.

GRAMMAR

1. Imperatives are formed from both imperfective and perfective verbs, but in many cases where English uses an imperative Polish has *proszę* + infinitive. Examples: *proszę siadać* 'please sit down'; *proszę poczekać chwilę* 'wait a moment, please'. This applies particularly in relationships where *pan* and *pani* are used, but the same construction is often used in *ty* relationships too. Imperatives proper in *pan/pani* relationships are formed with *niech* + finite verb (imperfective or perfective). Examples: *niech pan pracuje!* 'work!'; *niech pani przyjedzie!* 'come!'. It is easier for learners to use forms such as *proszę pracować* or *proszę przyjechać*, but etiquette often demands the imperative proper.

   In relationships in which *ty* and corresponding verbal forms are used the imperative proper is slightly more common. It is formed as follows:

   (i) Verbs with stem vowel *e*, or *i/y*, drop the ending of the 3rd person *singular*. Examples:

   3rd pers. sing. *patrzy*: imperative *patrz!* 'look!'

3rd pers. sing. *martwi*: imperative *martw!*
Hence: *nie martw się!* 'don't worry!'
3rd pers. sing. *dzwoni*: imperative *dzwoń!* 'ring!'
3rd pers. sing. *pije*: imperative *pij!* 'drink!'
3rd pers. sing. *odwiedzi*: imperative *odwiedź!* 'visit!'

Note that the softening effect of *-i* on the preceding consonant is retained (provided, of course, that the consonant letter is capable of being written with an acute accent).

(ii)   Verbs with stem vowel *a*, drop the ending of the 3rd person *plural*. Examples:

3rd pers. plur. *słuchają*: imperative *słuchaj!* 'listen!'
3rd pers. plur. *czekają*: imperative *czekaj!* 'wait!'

The irregular *wiedzieć* 'to know' and *jeść* 'to eat' also follow this pattern: *wiedzą: wiedz!* 'know!'; *jedzą: jedz!* 'eat!'
The plural is derived from the singular by adding *-cie*. Examples: *słuchaj!*—plur. *słuchajcie!*; *patrz!*—plur. *patrzcie!*

2. Note the construction: *zbyt . . . żeby . . .* Example: *zbyt zmęczony, żeby pracować* 'too tired to work'.
3. The past tense stem of *jeść* 'to eat' is *jadł-* alternating with masculine personal plural *jedl-*. (Thus: *jadłem, jadłam, jadł, jadła,* etc., and masculine personal plural *jedliśmy, jedliście, jedli*.)
4. Note the use of *jestem* 'I am here (or there)', *jesteśmy* 'we are here (or there)', etc. Thus: *nareszcie jesteście* 'You're here at last'.
5. The reflexive particle *się* can never occur at the beginning of a clause: e.g. *spóźniają się* 'they are late'; *nie martw się!* 'don't worry!' It often occurs as the second element in the clause, preceding its verb: *proszę się nie martwić* 'please don't worry'; *często się denerwuje* 'he often gets upset'.

TEXT
(TEKST)

—Nie znalazłem nic—powiedział Jan, gdy wrócił z kuchni.
—Idę spać.—
—Poczekaj chwilę! Nie denerwuj się—powiedziała Wanda.
—Ewa zaprosiła nas do siebie.—

Ewa mieszka bardzo blisko, w tym samym bloku na parterze, ale było już po dziesiątej, więc Jan uważał, że jest zbyt późno, żeby pójść do niej. Poza tym był zmęczony. Ale Wanda przekonała go, że trzeba pójść. Zmienił zdanie, kiedy dowiedział się, że Ewa zaprasza ich na kolację.

Zjechali windą na parter. W drzwiach czekał Marek, mąż Ewy.

—No, nareszcie jesteście!—powiedział Marek.—Witam!—

Ewa natychmiast poprosiła ich do stołu. Na stole było mięso, ryba, ser, ogórki, chleb i wiele innych smacznych rzeczy.

—Proszę jeść!—powiedziała Ewa.

Dużo jedli i rozmawiali. Było już po dwunastej, kiedy Wanda i Jan wrócili do domu.

CONVERSATION
(ROZMOWA)

—Przepraszam bardzo, że spóźniamy się na kolację.
—Nie szkodzi. Nareszcie jesteśmy wszyscy. Proszę do stołu. Proszę siadać.
—Długo czekaliśmy na tramwaj. Poza tym mój zegarek stoi.
—Proszę się nie martwić. Zaraz podam zupę.
—Poza tym niestety trzeba będzie wrócić do hotelu około jedenastej.
—Już o jedenastej? Dlaczego tak wcześnie?
—Kwadrans po jedenastej przyjedzie do hotelu nasz angielski znajomy. Chcemy go przywitać.

EXERCISES
(ĆWICZENIA)

1. Write about 100 words under the heading *Dlaczego spóźniłem (spóźniłam) się na kolację*.
2. Convert the following imperatives to the form with *proszę* + infinitive:
   - (i)   Nie martw się!
   - (ii) Siadaj!
   - (iii) Niech pani podaje!
   - (iv) Czekajcie!
   - (v)   Niech pan dzwoni!

   (vi)   Pamiętaj!
  (vii)   Nie spóźniaj się!
 (viii)   Niech państwo skręcą na lewo!
   (ix)   Nie pytaj!
    (x)   Niech pani się uczy!

3. Give the appropriate form of the noun phrases in brackets:
    (i)   Cztery (duży blok)
   (ii)   Dwa (nowy zegarek)
  (iii)   Pięć (miasto przemysłowe)
  (iv)   Dwanaście (polski ogórek)
   (v)   Trzy (historyczny kościół)
  (vi)   Dziesięć (język obcy)
 (vii)   Dwie (ładna siostra)
(viii)   Sześć (centralne kino).

LESSON 19
(LEKCJA DZIEWIĘTNASTA)

zwykły—usual

podstawowy—basic

szkoła podstawowa—
primary school

średni—middle

szkoła średnia—middle
school, secondary school

zajęcie (n.)—lesson, work

obecny—present

zebranie (n.)—meeting

nauczyciel (m.)—teacher

administracyjny—
administrational

oprócz + gen.—apart from

dopiero—not until

lekcja (f.)—lesson

kłopot (m.)—worry, trouble

jednak—however

geografia (f.)—geography

urodziny (pl.)—birthday

imię (n.)—name (see
Grammar 3)

zeszły—past, last

wtedy—then

klasa (f.)—class

mniej—less

niewłaściwy—improper,
wrong

chodzić, -dzę, -dzi—to go
(on foot) (see Grammar 7)

jeździć, jeżdżę, jeździ—to
go (not on foot) (see
Grammar 7)

zachowywać się,
-uję, -uje
zachować się,
-am, -a } to behave

przygotowywać
się, -uję, -uje
przygotować się,
-uję, -uje } to prepare
(oneself)

używać, -am, -a + gen.—
to use

dostawać, -aję,
-aje
dostać, -anę,
-anie } to get

córka (f.)—daughter

dziś—today

od dziś za tydzień—a week
from today

w tej chwili—at present

przedszkole (n.)—nursery
school

dosyć—fairly

styczeń (m.)—January

luty (m.)—February
marzec (m.)—March
kwiecień (m.)—April
maj (m.)—May
czerwiec (m.)—June
lipiec (m.)—July

sierpień (m.)—August
wrzesień (m.)—September
październik (m.)—October
listopad (m.)—November
grudzień (m.)—December

GRAMMAR

1. In dates of the month the genitive is used as the equivalent of English 'on'. Example: *czternastego lipca* 'on the fourteenth of July'. With days of the week the preposition *w* + accusative has this function. Examples: *w środę* 'on Wednesday'; *w sobotę, piętnastego stycznia* 'on Saturday, the fifteenth of January'.

In certain expressions of time including the word *rok*, the preposition *w* + prepositional is used, where English has no preposition at all. Examples: *w tym roku* 'this year'; *w zeszłym roku* 'last year'; *w zeszłym roku byłem w Polsce* 'last year I was in Poland'.

2. Age is expressed by means of the verb *mieć* 'to have'. The plural of *rok* 'year' is *lata* (genitive *lat*). Examples: *ma jeden rok* 'he/she is one year old'; *Paweł ma trzynaście lat* 'Pawel is thirteen'; *dziecko ma trzy lata* 'the child is three'.

3. As the equivalent of 'my name is . . .' Polish has the construction *mam na imię* . . . Similarly, *masz na imię* 'your name is', *ma na imię* 'his name is', etc. 'What is your name?' is translated as *Jak masz na imię, Jak pan ma na imię*, etc. (depending on how 'you' is translated).

The noun *imię* is neuter and belongs to a special declension:

	Singular	Plural
Nom.	imię	imiona
Acc.	imię	imiona
Gen.	imienia	imion
Dat.	imieniu	imionom
Inst.	imieniem	imionami
Prep.	(w) imieniu	(w) imionach

4. The adverb *dużo* is followed by the genitive. Examples: *Wanda miała dużo kłopotów* 'Wanda had a lot of trouble (lit.

troubles)'; *kupiłam dużo chleba* 'I bought a lot of bread';
jutro mamy dużo pracy 'we have a lot of work tomorrow'.

5. The names of the months are all masculine and all have
genitive in *-a*, with the exception of *luty* which is declined
like an adjective (e.g. *w lutym* 'in February'). All except
luty, maj, październik, and *listopad*, have the vowel *e* in the
nominative which disappears in all other cases. Examples:
pierwszego stycznia 'on the first of January'; *w marcu* 'in
March'; *we wrześniu* 'in September'; *w końcu lipca* 'at the
end of July'.

6. Note the expression *uczyć się u* + gen. 'to study under' or
'to learn from'. Example: *Paweł uczy się u Wandy* 'Pawel
studies under Wanda' (or 'Pawel is taught by Wanda').

7. Some verbs referring to moving or conveying (known as
'verbs of motion') have two imperfectives, one used when the
movement is in one direction ('definite') and one used when
it is not in any particular direction or if it is repeated
or habitual ('indefinite'). Two such verbs are:

Definite	Indefinite	
iść	*chodzić*	'to go (on foot)'
jechać	*jeździć*	'to go (not on foot)' or 'to travel'

Examples: *Wanda często chodzi do szkoły* 'Wanda often goes
to the school'; *dziecko już chodzi* 'the child is walking already';
dziś Wanda idzie do szkoły 'Wanda is going to the school
today'; *Jan zwykle jeździ tramwajem* 'Jan usually goes by
tram'; *jechałem do pracy, kiedy spotkałem znajomego* 'I was
on the way to work, when I met a friend'; *kiedy pada,
jeździmy tramwajem* 'when it is raining, we go by tram'.

TEXT
(TEKST)

Skończyły się wakacje. W Polsce w szkołach podstawowych i
średnich zajęcia zaczynają się zwykle pierwszego września,
ale w tym roku pierwszego września była niedziela, więc
zajęcia zaczęły się dopiero drugiego września—w poniedziałek.
Wanda, która uczy języka rosyjskiego, musiała być obecna na
zebraniu nauczycieli już tydzień wcześniej. Oprócz tego

miała dużo pracy administracyjnej i przygotowywała się do pierwszych lekcji. Miała dużo kłopotów, ponieważ nie mogła znaleźć mapy Związku Radzieckiego, której używa na lekcjach języka rosyjskiego. Na szczęście jednak dostała mapę od swojej koleżanki Danuty, która uczy geografii.

Do tej samej szkoły chodzi też syn Ewy i Marka. Ma na imię Paweł. W zeszłym roku Paweł zaczął chodzić do szkoły i był w pierwszej klasie. Miał wtedy siedem lat. W tym roku jest w drugiej klasie i ma osiem lat. Piątego sierpnia miał urodziny.

W tym roku Paweł uczy się u Wandy. Był bardzo zadowolony, kiedy dowiedział się, że będzie się uczyć u niej. Wanda jednak była mniej zadowolona, ponieważ wiedziała, że Paweł się często niewłaściwie zachowuje w klasie.

CONVERSATION
(ROZMOWA)

—Ile lat ma pani córka?

—Ma prawie sześć lat. Od dziś za tydzień ma urodziny—czternastego listopada.

—Jak ma na imię?

—Irena. Ja również mam na imię Irena.

—Czy mała Irena już chodzi do szkoły?

—Jeszcze nie, bo w Polsce dzieci chodzą do szkoły dopiero wtedy, kiedy mają sześć albo siedem lat. W tej chwili chodzi do przedszkola.

—Czy przedszkole jest daleko od domu?

—Jest dosyć daleko. Do przedszkola musimy jeździć. Ale szkoła jest blisko.

—To ma pani szczęście.

EXERCISES
(ĆWICZENIA)

1. Write about 100 words under the heading *Pierwszy dzień w szkole*.
2. Translate into Polish:
   (i) On Sunday the first of May.
   (ii) Last year.

   (iii)   Irena is eleven years old.

   (iv)   What is your name?

   (v)   In July and August we have holidays.

3. Convert the words in brackets to the appropriate case:

   (i)   Ma dużo (kłopot).

   (ii)   Córka Ewy ma dużo (zajęcie).

   (iii)   Sienkiewicz pisał dużo (książka).

   (iv)   Kupiliśmy na rynku dużo (jedzenie).

   (v)   W Krakowie jest dużo (budynek historyczny).

4. Convert the verbs in the following sentences to the present tense:

   (i)   Wanda przygotowywała zajęcia.

   (ii)   Jedliśmy rybę i ogórki.

   (iii)   Używaliśmy nowego słownika.

   (iv)   W tym roku jeździłem po Polsce.

   (v)   Śląsk należał do Polski.

LESSON 20 (LEKCJA DWUDZIESTA)

szesnaście—sixteen
szesnasty—sixteenth
siedemnaście—seventeen
siedemnasty—seventeenth
osiemnaście—eighteen
osiemnasty—eighteenth
dziewiętnaście—nineteen
dziewiętnasty—nineteenth
dwadzieścia—twenty
dwudziesty—twentieth
dom towarowy (m.)—
  department store
księgowy (m.)—book-keeper
lato (n.)—summer
jesień (f.)—autumn
zima (f.)—winter
wiosna (f.)—spring
gość (m.)—guest
kurs (m.)—course
słowiański—Slavonic
subtelność (f.)—subtlety
ciągły—continual
trudność (f.)—difficulty
wymowa (f.)—pronunciation
obyczaj (m.)—custom,
  manner
przykład (m.)—example
na przykład—for example
ręka (f.) (pl. ręce)—hand, arm
podawać rękę—to shake
  hands

spotkanie (n.)—meeting
przywitanie (n.)—greeting
statek (m.)—ship
Tatry (gen. Tatr)—Tatra
  mountains
sport (m.)—sport
zimowy—winter (adj.)
dlatego—therefore
przyszły—next, future
plan (m.)—plan
zamiar (m.)—intention
krewny (m.) ⎱
krewna (f.) ⎰ relative
telefoniczny—telephone (adj.)
halo—hello (in telephone
  conversations)
słucham (from verb *słuchać*)
  —hello
wolny—free
zbliżać się, -am,
  -a ⎱
zbliżyć się, -ę, ⎰ to
  -y approach
(z)rozumieć, -miem, -mie—
  to understand
przyzwyczajać
  się, -am, -a ⎱
przyzwyczaić ⎰ to get used to
  się, -aję, -ai
(po)całować, -uję, -uje—to
  kiss

GRAMMAR

1. Compound numerals are formed as in English: *dwadzieścia jeden* 'twenty-one', *dwadzieścia dwa* 'twenty-two', *dwadzieścia trzy* 'twenty-three', etc. *Dwadzieścia dwa*, *dwadzieścia trzy*, and *dwadzieścia cztery* are followed by the nominative plural. The numerals 21 and 25–29 take the genitive plural.

2. The reflexive pronoun may have the meaning 'each other'. Example: *podają sobie ręce na przywitanie* 'they shake each other by the hand in greeting'.

3. The noun *ręka* 'hand, arm' is irregular.

	Singular	Plural
Nom.	ręka	ręce
Voc.	ręko	ręce
Acc.	rękę	ręce
Gen.	ręki	rąk
Dat.	ręce	rękom
Inst.	ręką	rękami (rękoma)
Prep.	(w) ręku (ręce)	(w) rękach

4. The place-name *Zakopane* is declined like an adjective, but has exceptional forms in the instrumental and prepositional.

Nom.	Zakopane
Voc.	Zakopane
Acc.	Zakopane
Gen.	Zakopanego
Dat.	Zakopanemu
Inst.	Zakopanem
Prep.	(w) Zakopanem

5. Frequently suffixes are used with forenames to derive variants for informal or intimate use. Example: *Janek* is derived from *Jan*. (*Janek* loses *e* in all cases except the nominative. Hence: voc. *Janku!* gen. *Janka*, etc.)

6. The noun *przyjaciel* 'friend' has some irregular forms in the plural:

	Plural
Nom.	przyjaciele
Voc.	przyjaciele

	Plural
Acc.	przyjaciół
Gen.	przyjaciół
Dat.	przyjaciołom
Inst.	przyjaciółmi
Prep.	(o) przyjaciołach

7. Note: *w lecie* 'in the summer' (from *lato*), *na jesieni* 'in the autumn' (from *jesień*), *w zimie* 'in the winter' (from *zima*), but *na wiosnę* 'in the spring' (from *wiosna*).

8. The imperfective future consists of the future of *być* 'to be' (see Lesson 8, Grammar 5) + the imperfective infinitive. Example: *będę pracować* 'I shall work'; *będzie dzwonić* 'he/she will ring'. Alternatively, instead of the infinitive, forms coinciding with the third person of the past tense (imperfective) may be used. Example: *będę pracował* 'I shall work (masc.)'; *będzie dzwoniła* 'she will ring'; *państwo będą dzwonili* 'you will ring (masc. personal)'.

REVISION

1. The declension of feminine nouns with stem ending in *ć*, *dź, j, ń, ś, ź, l*, is as follows:

	Singular	Plural
Nom.	jesień	jesienie
Voc.	jesieni	jesienie
Acc.	jesień	jesienie
Gen.	jesieni	jesieni
Dat.	jesieni	jesieniom
Inst.	jesienią	jesieniami
Prep.	(o) jesieni	(o) jesieniach

Some nouns belonging to this declension can have either *-e* or *-i* in the nominative plural.

The nominative plural of feminines ending in *-ość* always ends in *-ości*. Examples: *trudność*—nom. plur. *trudności*; *subtelność*—nom. plur. *subtelności*.

2. Masculines with stem ending in *ć, dź, j, ń, ś, ź, l*, and also in *c, cz, dz, dż, rz, sz, ż*, decline according to the following pattern:

	Singular	Plural
Nom.	nauczyciel	nauczyciele
Voc.	nauczycielu!	nauczyciele!
Acc.	nauczyciela	nauczycieli
Gen.	nauczyciela	nauczycieli
Dat.	nauczycielowi	nauczycielom
Inst.	nauczycielem	nauczycielami
Prep.	(o) nauczycielu	(o) nauczycielach

The instrumental plural of *gość* (which otherwise follows the above pattern) is *gośćmi*.

Some of these nouns may have genitive plural (and thus also accusative plural if they are masculine personal) in -*ów*. Example: *mąż* 'husband'—gen. plur. *mężów*.

TEXT
(TEKST)

Wanda i Jan wrócili z Warszawy do Poznania w sobotę, dwudziestego czwartego sierpnia. W poniedziałek Wanda była w szkole na zebraniu nauczycieli, a Jan też wrócił do pracy. Pracuje w domu towarowym jako księgowy. Musi wstawać bardzo wcześnie, bo zaczyna pracę o siódmej rano.

W Poznaniu pogoda była jeszcze ładna, ale lato się kończyło. Zbliżała się jesień.

W piątek wieczorem Jan i Wanda mieli gości. Między nimi był ten angielski znajomy, którego poznali w pociągu z Warszawy. Jan i Wanda cieszyli się z nowego spotkania i witali go jak starego przyjaciela. Ma on na imię George, ale Polacy mówią na niego Jerzy. George zna język polski, bo studiuje języki słowiańskie na Uniwersytecie Oksfordskim i w zeszłym roku był na kursie języka polskiego dla cudzoziemców na Uniwersytecie Warszawskim.

George był po raz drugi w Polsce, kiedy poznał Jana i Wandę. Już dobrze mówił po polsku, ale jeszcze nie rozumiał wszystkich subtelności i miał ciągle trudności z wymową. Oprócz tego nie przyzwyczaił się jeszcze do wszystkich obyczajów polskich. Na przykład nie przyzwyczaił się do tego, że Polacy tak często podają sobie ręce na przywitanie i że paniom ręce całują.

W tym roku George przyjechał do Polski statkiem—do Gdyni. W Polsce widział już dosyć dużo. Zwiedził Warszawę. Kraków, Gdańsk i Poznań. Jeszcze chce zwiedzić Tatry, bo bardzo lubi sporty zimowe. Dlatego już planuje podróż do Zakopanego w zimie—być może w przyszłym roku w lutym.

Jan i Wanda również mają plany: na wiosnę mają zamiar pojechać do Anglii do krewnych Wandy, którzy mieszkają w Londynie. George, który również mieszka w Londynie, cieszy się, że będzie mógł tam przywitać swoich polskich przyjaciół.

CONVERSATION
(ROZMOWA TELEFONICZNA)

—Halo. Słucham.
—Dzień dobry. Czy mogę mówić z panem Kowalskim? Tu jego żona.
—Proszę bardzo. Proszę poczekać. Zaraz go poproszę.
—Halo. Tu Kowalski. Słucham.
—Janku? Czy jesteś dziś wolny o trzeciej?
—Tak.
—Więc spotykamy się jak zwykle?
—Dobrze. Ale ja mam nowy plan.
—Jaki?
—Spotkamy się tutaj jak zwykle, a potem pójdziemy do kawiarni na rynku. Dobrze?
—Dobrze. Będę czekać.

EXERCISES
(ĆWICZENIA)

1. Write about 100 words under the heading *Spotkanie w pociągu*.
2. Translate into Polish.

In the summer I visited my relatives in London. A Polish lady was living with them. Her name is Wanda. She lives in Poznan, but at present she is studying English in London. She arrived in January and will return to Poland in April. During her stay she intends to visit Oxford, because she has friends there. Wanda speaks English well, but she still has difficulty with pronunciation. She says she cannot understand me when I speak quickly.

3. Put the verbs in the following sentences into the negative, making the appropriate changes to the direct object (accusative to genitive):

   (i)   Rozumiem wszystkie języki.
  (ii)   Widzieliśmy Warszawę.
 (iii)   Jan spotkał Wandę.
 (iv)   Lubię sporty zimowe.
  (v)   Witałem swoich kolegów.
 (vi)   Widzę jej ręce.

4. Convert the verbs in the following sentences to the imperfective future:

   (i)   Czekam.
  (ii)   Jedzie do Krakowa.
 (iii)   Przyjechała późno.
 (iv)   Zobaczą swoich przyjaciół.
  (v)   Witamy Polaków.
 (vi)   Ewa zaprosiła nas do siebie.

POLISH-ENGLISH VOCABULARY

The number after each entry refers to the lesson in which the word first occurs. Reference to the lesson in question will often provide further grammatical information. Verbs are given in the infinitive, followed (in brackets) by the endings or full forms of the first and third person singular (and exceptionally the third person plural) of the present tense. The genitive singular of nouns is quoted in all cases of irregularity. This includes every masculine inanimate noun with genitive in -a.

ABBREVIATIONS USED

acc.—accusative	*inter. part.*—interrogative particle
adj.—adjective	*masc.*—masculine
adv.—adverb	*perf.*—perfective
fem.—feminine	*plur.*—plural
gen.—genitive	*prep.*—prepositional
imperf.—imperfective	*trans.*—transitive
inst.—instrumental	

A

a and, but, 1
administracyjny administration-al, 19
akcent accent, 14
ale but, 1
angielski English, 11
Anglia England, 14
Anglik Englishman, 13
autobus bus, 8

B

Bałtyk Baltic, 16
bardziej more, 10
bardzo very, 3
bardzo rano very early in the morning, 7
Berlin (*gen.* **-a**) Berlin, 15
biblioteka library, 10

bilet ticket, 13
blisko near, close, 3
blok block, 18
bo because, for, 12
bogaty rich, 16
bomba bomb, 11
brat brother, 2
brzeg shore, bank, 10
budowa construction, 16
budować (-uję, -uje) to build, 11 (*perf.* **zbudować**, q.v.)
budynek building, 16
budzić (budzę, budzi) to wake (*trans.*), 7
być to be, 2

C

całować (-uję, -uje) to kiss, 20 (*perf.* **pocałować**, q.v.)

cały whole, entire, all, 5
centralny central, 9
centrum centre, 11
charakter character, 15
chcieć (chcę, chce) to want, 4
chleb (*gen.* chleba) bread, 18
chociaż although, 7
chodzić (chodzę, chodzi) to go, walk, 19
chwila while, moment, 8 (w tej chwili, 19)
chyba probably, no doubt, 12
ciąg dalszy continuation, 16
ciągły continual, 20
cichy quiet, 10
ciekawy interesting, 6
ciepło (*adv.*) warm, 8
ciepły warm, 8
cieszyć się (-szę, -szy) to be glad, 7
ciężki heavy, difficult, 16
ciocia aunty, 8
ciotka aunt, 8
co what, 1
coś something, 7
córka daughter, 19
cudzoziemiec foreigner, 13
czas time, 8
czekać (-am, -a) to wait, 9
(*perf.* poczekać, q.v.)
czerwiec (*gen.* czerwca) June, 19
często often, 12
część part, 12
czternasty fourteenth, 18
czternaście fourteen, 18
cztery four, 10
czwartek (*gen.* czwartku) Thursday, 13
czwarty fourth, 17
czy (*inter. part.*) if, whether, 1
czytać (-am, -a) to read, 8

D

dać (dam, da, dadzą) to give, 14
(*imperf.* dawać, q.v.)
daleko far, 4
dawać (daję, daje) to give, 14
(*perf.* dać, q.v.)

dawno long ago, for a long time, 8
denerwować się (-uję, -uje) to get upset, worry, 18
(*perf.* zdenerwować się, q.v.)
deszcz rain, 5
dla (+ *gen.*) for, 15
dlaczego why, 3
dlatego therefore, 20
długi long, 18
długo for a long time, 18
długopis ball-point pen, 4
do (+ *gen.*), 5
dobry good, 4
dobrze good, well, 3
dojechać (dojadę, dojedzie) to arrive, 14
(*imperf.* dojeżdżać, q.v.)
dojeżdżać (-am, -a) to arrive, 14
(*perf.* dojechać, q.v.)
dom home, house, building (do domu home), 5, 7
dom towarowy department store, 20
dopiero not until, 19
dostać (-anę, -anie) to get, 19
(*imperf.* dostawać, q.v.)
dostawać (-aję, -aje) to get, 19
(*perf.* dostać, q.v.)
dosyć enough, fairly, 19
dotrzymać (-am, -a) + *gen.*, to keep, 17
(*imperf.* dotrzymywać, q.v.)
dotrzymywać (+ *gen.*) (-uję, -uje) to keep, 17
(*perf.* dotrzymać, q.v.)
do widzenia goodbye, 13
dowiedzieć się (dowiem, dowie) to find out, 7
droga road, way, 3
drugi second, 11
drzwi door, 2
dumny (z + *gen.*) proud, 11
dużo a lot, much, many, 12
duży big, large, 5
dwa, dwie two, 10
dwadzieścia twenty, 20
dwanaście twelve, 18
dworzec (*gen.* dworca) station, 7

dwudziesty twentieth, 20

dwunasty twelfth, 18

dziecko child, 8

dzielić (-lę, -li) to divide, 15
(*perf.* rozdzielić, q.v.)

dzielnica quarter (of a town), 16

dzień (*gen.* dnia) day, 4

dziesiąty tenth, 17

dziesięć ten, 17

dziewiąty ninth, 17

dziewięć nine, 17

dziewiętnasty nineteenth, 20

dziewiętnaście, nineteen, 20

dziękować (-uję, -uje) to thank, 3
(*perf.* podziękować, q.v.)

dzisiaj today, 3

dziś today (od dziś za tydzień a
week today), 19

dzwonić (-nię, -ni) to ring, 17
(*perf.* zadzwonić, q.v.)

E

egzamin examination, 12

Europa Europe, 5

F

fabryka factory, 11

festiwal festival, 6

fotel armchair, 10

G

gazeta newspaper, 8

Gdańsk Gdansk, Danzig, 5

gdański *adj.* derived from Gdańsk,
8

gdy when, 10

gdzie where, 1

geografia geography, 19

głodny hungry, 17

główny main, 16

głównie mainly, 16

godzina hour, 17

gość guest, 20

gotować (-uję, -uje) to cook, 9
(*perf.* ugotować, q.v.)

gotowy ready, 10

grudzień December, 19
(*gen.* grudnia)

H

halo hello, 20

handel (*gen.* handlu) trade, 15

handlowy trade (*adj.*), 15

historyczny historical, 16

hotel hotel, 3

I

i and, 1

ich their, 3

imię name, 19

inny other, different, 11

instytucja institution, 16

interesować (się) (-uję, -uje) to
interest (be interested) + *inst.*,
6, 11
(*perf.* zainteresować (się), q.v.)

iść (idę, idzie) to go, 3, 10
(*perf.* pójść, q.v.)

iść na spacer to go for a walk, 4

J

ja I, 3

jagielloński Jagiellonian, 6

jak how, 7

jaki what, what kind of, 5

jako as, 8

jechać (jadę, jedzie) to go, travel,
5, 9
(*perf.* pojechać, q.v.)

jeden, jedna, jedno one, 10

jedenasty eleventh, 18

jedenaście eleven, 18

jednak however, 19

jedzenie food, 17

jego his, 1

jej her, 1

jesień autumn, 20

jest is, 1

jeszcze still, yet, 2

jeszcze nie not yet, 6

jeść (jem, je) to eat, 7

jezioro lake, 16

jeździć (jeżdże, jeździ) to travel,
go, 19

język (*gen.* języka) language, 11

jutro tomorrow, 6

już already, 5

już nie no longer, 6

K

kanapka sandwich, 14
katedra cathedral, 16
kawa coffee, 10
kawiarnia café, 12
kelner waiter, 7
kiedy when, 3
kino cinema, 5
klasa class, 19
kłaść (kładę, kładzie) to lay down, to put, 10
   (*perf*. **położyć**, q.v.)
kłaść/położyć się do łóżka to go to bed, 10
kłopot worry, trouble, 19
kolacja supper, 7
kolega (*masc.*) friend, 1
koleżanka (*fem.*) friend, 1
komunikacja transport, 7
koniec (*gen.* **końca**) end, 6
konstytucja constitution, 13
kończyć (się) (-czę, -czy) to end, finish, 13
   (*perf*. **skończyć (się)**, q.v.)
kościół (*gen.* **kościoła**) church, 16
Kraków (*gen.* **Krakowa**) Cracow, 3
krewna (*fem.*) relative, 20
krewny (*masc.*) relative, 20
krzesło chair, 1
książka book, 6
księgarnia bookshop, 3
księgowy book-keeper, 20
kto who, 1
który which, who, 9
kuchnia kitchen, 10
kultura culture, 8
kulturalny cultural, 11
kupić (-pię, -pi) to buy, 4
   (*imperf*. **kupować**, q.v.)
kupować (-uję, -uje) to buy, 12
   (*perf*. **kupić**, q.v.)
kurs course, 20
kwadrans (*gen.* **kwadransa**) quarter of an hour, 17
kwiecień (*gen.* **kwietnia**) April, 19

L

lać (leję, leje) to pour, 5
las forest, wood, 14
lato summer, 20
lekarka doctor (*fem.*), 8
lekarz doctor (*masc.*), 8
lekcja lesson, 19
lewo left (**na lewo** on the left), 2
leżeć (leżę, leży) to lie, 5
lipiec (*gen.* **lipca**) July, 19
list letter, 5
listopad (*gen.* **listopada**) November, 19
Londyn London, 2
lub or, 16
lubić (-bię, -bi) to like, 5
Lublin (*gen.* **Lublina**) Lublin, 2
ludność population, 16
ludzie people, 13
luty (*gen.* **lutego**) February, 19
ładny fine, beautiful, 6
łazienka, bathroom, 10
Łódź Lodz, 14
łóżko bed, 10

M

magnacki magnates', 16
magnat magnate, 16
maj (*gen.* **maja**) May, 19
mały small, little, 11
mapa map, 5
martwić się (-wię, -wi) to worry, 18
   (*perf*. **zmartwić się**, q.v.)
marzec (*gen.* **marca**) March, 19
maszyna machine, 15
maszynowy machine (*adj.*), 15
matka mother, 6
mąż (*gen.* **męża**) husband, 1
metal metal, 15
metalowy metal (*adj.*), 15
męczyć się (-czę, -czy) to get tired, 12
   (*perf*. **zmęczyć się**, q.v.)
miasto town, 4
mieć (mam, ma) to have, 7
miejsce place, 13
mieszkać (-am, -a) to live, reside, 6

mieszkanie flat, 8
mieszkaniowy residential, 16
między + *inst.* between, among, 7
międzynarodowy international, 6
mięso meat, 14
milicjant policeman, 12
miły nice, pleasant (**bardzo mi miło** I am pleased to meet you), 12
mimo to nevertheless, 13
minuta minute, 17
młody young, 9
mniej less, 19
mniej więcej more or less, 15
mokry wet, 7
Moskwa Moscow, 12
może (być) perhaps, 10
można one may, it is possible, 7
móc (mogę, może) to be able, 3
mój my, 1
mówić (-wię, -wi) to speak, 5, 9
    (*perf.* **powiedzieć**, q.v.)
musieć (-szę, -si) must, 12
muzeum museum, 16
my we, 3

N

na on, 3
na + *acc.* for, 14
nad + *inst.* over, above, on, 15
nagły sudden, 9
nagle suddenly, 9
należeć (-żę, -ży) do + *gen.* to belong to, 15
naprawdę, really, indeed, 14
naprzeciwko + *gen.* opposite, 5
nareszcie at last, 18
narodowy national, 10
nasz our, 10
natychmiast immediately, 17
nauczyciel teacher (*masc.*), 19
nauczycielka teacher (*fem.*), 11
nauczyć (-czę, -czy) + *gen.* to teach, 11
    (*imperf.* **uczyć**, q.v.)
nauczyć (-czę, -czy) się + *gen.* to learn, 13
    (*imperf.* **uczyć się**, q.v.)

nauka learning, science, 8
nazajutrz the next day, 10
nazwisko surname, name, 12
nic nothing, 17
nie no, not, 1
niedaleko + *gen.* not far from, 6
niedługo soon, before long, 7
niedziela Sunday, 13
Niemiecka Republika Demokratyczna German Democratic Republic, 5
niemiecki German, 11
nieraz several times, 9
niestety unfortunately, 11
niewłaściwy improper, wrong, 19
nigdy never, 15
niszczyć (-szczę, -szczy) to destroy, 16
niż than, 10
no well, 3
noc night, 7
nowy new, 4

O

o + *prep.* about, at, 5, 17
obcy foreign, 12
obecny present, 19
obejrzeć (-rzę, -rzy) to look at, 10
    (*imperf.* **oglądać**, q.v.)
obiad lunch, dinner, 7
obiecać (-am, -a) to promise, 17
    (*imperf.* **obiecywać**, q.v.)
obiecywać (-uję, -uje) to promise, 17
    (*perf.* **obiecać**, q.v.)
obietnica promise, 17
obyczaj custom, manner, 20
oczy (*plur. of* **oko**) eyes, 14
oczywiście of course, 8
od + *gen.* from, 5
odbierać (-am, -a) to receive, 12
    (*perf.* **odebrać**, q.v.)
odbudować (-uję, -uje) to rebuild, 11
    (*imperf.* **odbudowywać**, q.v.)
odbudowywać (-owuję, -owuje) to rebuild, 11
    (*perf.* **odbudować**, q.v.)

odbyć się (odbędę, odbędzie) to take place, 15
(*imperf.* **odbywać się,** q.v.)
odbywać się (-am, -a) to take place, 15
(*perf.* **odbyć się,** q.v.)
odebrać (odbiorę, odbierze) to receive, 12
(*imperf.* **odbierać,** q.v.)
odegrać (-am, -a) rolę to play a role, 15
(*imperf.* **odgrywać rolę,** q.v.)
odgrywać (-am, -a) rolę to play a role, 15
(*perf.* **odegrać rolę,** q.v.)
odjazd departure, 13
odjechać (odjadę, odjedzie) to depart, 13
(*imperf.* **odjeżdżać**)
odjeżdżać (-am, -a) to depart, 13
(*perf.* **odjechać,** q.v.)
odpocząć (-cznę, -cznie) to rest, 13
(*imperf.* **odpoczywać,** q.v.)
odpoczywać (-am, -a) to rest, 13
(*perf.* **odpocząć,** q.v.)
odpowiadać (-am, -a) to answer, 7, 12
(*perf.* **odpowiedzieć,** q.v.)
odpowiedzieć (odpowiem, odpowie) to answer, 12
(*imperf.* **odpowiadać,** q.v.)
odprowadzać (-dzam, -dza) to accompany, see off, 13
(*perf.* **odprowadzić,** q.v.)
odprowadzić (-dzę, -dzi) to accompany, see off, 13
(*imperf.* **odprowadzać,** q.v.)
odwiedzać (-am, -a) to visit (people), 10
(*perf.* **odwiedzić,** q.v.)
odwiedzić (-dzę, -dzi) to visit (people), 10
(*imperf.* **odwiedzać,** q.v.)
oglądać (-am, -a) to look at, 10
(*perf.* **obejrzeć,** q.v.)
ogórek (*gen.* **ogórka**) cucumber, 18

ogród (*gen.* **ogrodu**) garden, 13
ojciec (*gen.* **ojca**) father, 6
okno window, 1
oko (*plur.* **oczy**) eye, 14
około + *gen.* about, 17
okropny awful, 5
Oksford Oxford, 2
on, ona, ono he, she, it, 2
oni, one they, 8
opowiadać (-am, -a) to tell, 14
(*perf.* **opowiedzieć,** q.v.)
opowiedzieć (opowiem, opowie) to tell, relate, 14
(*imperf.* **opowiadać,** q.v.)
oprócz + *gen.* apart from, 19
oraz as well as, 14
osiem eight, 17
osiemnasty eighteenth, 20
osiemnaście eighteen, 20
ostatni last, 10, (**w ostatnim czasie** recently, 16)
Ostrów Tumski *see* Lesson 16
ośrodek (*gen.* **ośrodka**) centre, nucleus, 15
oto here is, 5
otwarty open, 4
owszem yes, indeed, 4
ósmy eighth, 17

P

padać (-am, -a) to fall, 6, 11
(*perf.* **paść,** q.v.)
pałac palace, 8
pamiętać (-am, -a) to remember, 6
pan Mr., gentleman, you, 2
pani Mrs., Miss, lady, you, 2
panowanie rule, 15
pański your, 2
państwo you, Mr. and Mrs., ladies and gentlemen, 2
park park, 3
parter ground floor, 18
Paryż (*gen.* **Paryża**) Paris, 12
pasażer passenger, 14
paść (padnę, padnie) to fall, 11
(*imperf.* **padać,** q.v.)
patrzyć (-trzę, -trzy) to look, 5

październik (*gen.* **października**)
October, 19
peron platform, 9
pewny certain, sure, 10
piątek (*gen.* **piątku**) Friday, 14
piąty fifth, 17
pić (piję, pije) to drink, 10
(*perf.* **wypić,** q.v.)
pierwszy first, 11
pieszo on foot, 4
pięć five, 17
piękny beautiful, fine, 4
piętnasty fifteenth, 18
piętnaście fifteen, 18
piętro floor, 17
pisać (piszę, pisze) to write, 3
piwo beer, 12
plac square, 13
plan plan, 20
planowac (-uję, -uje) to plan, 5
po + *prep.* after, along, over, 3
pobliże vicinity, 16
pobyt stay, 6
pocałować (-uję, -uje) to kiss, 20
(*imperf.* **całować,** q.v.)
pociąg train, 7
pociągać (-am, -a) za sobą to
entail, 16
(*perf.* **pociągnąć,** q.v.)
pociągnąć (-nę, -nie) za sobą to
entail, 16
(*imperf.* **pociągać,** q.v.)
poczekać (-am, -a) to wait, 9
(*perf.* of **czekać,** q.v.)
pod + *inst.* under, 15
pod + *acc.* towards (time), 16
podać (podam, poda, podadzą)
to serve, 18
(*imperf.* **podawać,** q.v.)
podawać (podaję, podaje) to
serve, 18
(*perf.* **podać,** q.v.)
podczas + *gen.* during, 10
podobno it seems, 12
podróż (*gen.* **podróży**) journey, 5
podróżować (-uję, -uje) to travel,
3
podstawowy basic, 19

podziękować (-uję, -uje) to thank,
12
(*imperf.* **dziękować,** q.v.)
pogoda weather, 5 (good weather,
10)
pojechać (pojadę, pojedzie) to
travel, go, 9
(*imperf.* **jechać,** q.v.)
pokazać (-żę, -że) to show, 11
(*imperf.* **pokazywać,** q.v.)
pokazywać (-uję, -uje) to show, 11
(*perf.* **pokazać,** q.v.)
pokój (*gen.* **pokoju**) room, 2
pokój stołowy dining room, 10
pokój sypialny bedroom, 10
Polak Pole, 13
pole field, 14
politechnika polytechnic, 13
polityczny political, 11
Polska Poland, 3
polski Polish, 8
połowa half, 15 (**w połowie drogi**
half way, 15)
położyć (-żę, -ży) to lay down, to
put, 10
(*imperf.* **kłaść,** q.v.)
położyć się do łóżka to go to bed, 10
południe south, 5
południowy southern, 17
poniedziałek (*gen.* **poniedziałku**)
Monday, 13
ponieważ because, 3
poprosić (-szę, -si) to ask, request,
18
(*imperf.* **prosić,** q.v.)
poprzedni former, previous, 8
poprzednio previously, 8
porozmawiać (-am, -a) to converse, 9
(*imperf.* **rozmawiać,** q.v.)
port port, 16
posłuchać (-am, -a) + *gen.* to
listen to, 12
(*imperf.* **słuchać,** q.v.)
postanowić (-wię, -wi) to decide, 7
poszukać (-am, -a) + *gen.* to look
for, seek, 11
(*imperf.* **szukać,** q.v.)

potem then, 4

powiedzieć (powiem, powie) to say, tell, 8, 9
(*imperf.* **mówić**, q.v.)

poza + *inst.* apart from, 18

poza tym besides, 18

poznać (-am, -a) to recognize, 9
(*imperf.* **poznawać**, q.v.)

Poznań Poznan, 3

poznański Poznan (*adj.*), 15

poznawać (-aję, -aje) to recognize, 9
(*perf.* **poznać**, q.v.)

pożar fire, 16

pożegnać (-am, -a) to say goodbye, 13
(*imperf.* **żegnać**, q.v.)

pójść (pójdę, pójdzie) to go, 10
(*imperf.* **iść**, q.v.)

pół half, 17

północ, north, 5

północny northern, 16

późno (*adv.*) late, 10

późny late, 10

praca work, 10

pracować (-uję, -uje) to work, 3

Praga Praga (part of Warsaw), 10

prawda truth, 5

prawie almost, 5

prawo right, 2, (**na prawo** on the right, 2)

prosić (-szę, -si) to ask, request, 18
(*perf.* **poprosić**, q.v.)

proszę please, 4

przeciwnie on the contrary, 15

przed + *inst.* before, 13

przedszkole nursery school, 19

przekonać (-am, -a) to persuade, 18
(*imperf.* **przekonywać**, q.v.)

przekonywać (-uję, -uje) to persuade, 18
(*perf.* **przekonać**, q.v.)

przemysł industry, 15

przemysłowy industrial, 15

przepraszam excuse me, 13

przewodnik guide, 4

przez + *acc.* through, 7

prez chwilę for a while, 8

przeżyć (przeżyję, przeżyje) to live, 15
(*imperf.* **żyć**, q.v.)

przychodzić (-dzę, -dzi) to arrive, 12
(*perf.* **przyjść**, q.v.)

przygotować (-uję, -uje) się to prepare (oneself), 19
(*imperf.* **przygotowywać się**, q.v.)

przygotowywać się (-owuję, -owuje) to prepare (oneself), 19
(*perf.* **przygotować się**, q.v.)

przyjaciel friend (*masc.*), 17

przyjaciółka friend (*fem.*), 17

przyjechać (przyjadę, przyjedzie) to arrive (not on foot), 9
(*imperf.* **przyjeżdżać**, q.v.)

przyjemny pleasant, 17

przyjeżdżać (-am, -a) to arrive (not on foot), 9
(*perf.* **przyjechać**, q.v.)

przyjść (przyjdę, przyjdzie) to arrive, 12
(*imperf.* **przychodzić**, q.v.)

przykład example, 20 (**na przykład** for example)

przypadek chance, 12

przyrost growth, 16

przyszły next, future, 20

przywitać (-am, -a) to welcome, 18
(*imperf.* **witać**, q.v.)

przywitanie greeting, 20

przyzwyczaić (-aję, -ai) się to get used to, 20
(*imperf.* **przyzwyczajać się**, q.v.)

przyzwyczajać (-am, -a) się to get used to, 20
(*perf.* **przyzwyczaić się**, q.v.)

pytać (się) (-am, -a) o + *acc.* to ask about, 7, 12
(*perf.* **zapytać się**, q.v.)

R

radio radio, 12

radziecki Soviet, 5, 16

rano in the morning, 7 (**bardzo rano** very early in the morning)

ratusz (*gen.* **ratusza**) town hall, 16

raz time, 2 (**po raz pierwszy** for the first time)

razem together, 3

renesansowy Renaissance (*adj.*), 16

restauracja restaurant, 12

ręka hand, arm, 20

robić (**-bię, -bi**) to do, to make, 9 (*perf.* **zrobić**, q.v.)

rodzice parents, 6

rodzina family, 9

rodzinny native, 14

rok year, 15

rola role, 15

rosyjski Russian, 11

rozdzielić (**-lę, -li**) to divide, 15 (*imperf.* **dzielić**, q.v.)

rozmawiać (**-am, -a**) to converse, 9 (*perf.* **porozmawiać**, q.v.)

rozpakować (**-uję, -uje**) to unpack, 14 (*imperf.* **rozpakowywać**, q.v.)

rozpakowywać (**-owuję, -owuje**) to unpack, 14 (*perf.* **rozpakować**, q.v.)

rozumieć (**rozumiem, rozumie**) to understand, 20 (*perf.* **zrozumieć**, q.v.)

rozwój development, 16

róg corner, 3

również also, 2

różny various, different, 12

ruch movement, traffic, 6

ruina ruin, 11

ryba fish, 18

rynek market, 4

rzecz thing, 18

rzeka river, 6

Rzesza Niemiecka the German Reich, 15

S

sam, sama, samo self, 14 (**ten**

sam, ta sama, to samo the same, 18)

samochód car, 12

samouk self-taught person, 14

saski Saxon, 13

ser (*gen.* **sera**) cheese, 14

siadać (**-am, -a**) to sit down, 18 (*perf.* **siąść**, q.v.)

siąść (**siądę, siądzie**) to sit down, 18 (*imperf.* **siadać**, q.v.)

siedem seven, 17

siedemnasty seventeenth, 20

siedemnaście seventeen, 20

siedzieć (**-dzę, -dzi**) to sit, 5

sierpień (*gen.* **sierpnia**) August, 19

siostra sister, 2

siódmy seventh, 17

skąd where from, 14

sklep shop, 2

skończyć się (**-czę, -czy**) to finish, 13 (*imperf.* **kończyć się**, q.v.)

skręcać (**-am, -a**) to turn, 13 (*perf.* **skręcić**, q.v.)

skręcić (**-cę, -ci**) to turn, 13 (*imperf.* **skręcać**, q.v.)

słońce sun, 8

słowiański Slavonic, 20

słownik (*gen.* **słownika**) dictionary, 11

słuchać (**-am, -a**) + *gen.* to listen to, 12 (*perf.* **posłuchać**, q.v.)

słucham hello, 20

smaczny tasty, 9

sobota Saturday, 13

socjalny social, 16

spacer walk, 4

spacerować (**-uję, -uje**) to go for a walk, 6

spać (**śpię, śpi**) to sleep, 7

sport sport, 20

spotkać (**-am, -a**) to meet, 12 (*imperf.* **spotykać**, q.v.)

spotkanie meeting, 20

spotykać (**-am, -a**) to meet, 12 (*perf.* **spotkać**, q.v.)

spóźniać (-am, -a) się to be late, 18
(*perf.* **spóźnić się,** q.v.)
spóźnić (-nię, -ni) się to be late, 18
(*imperf.* **spóźniać się,** q.v.)
stać (stoję, stoi) to stand, 9, (**zegarek stoi** the watch has stopped, 18)
stary old, 4
Stary Rynek Old Market, 4
statek ship, 20
stolica capital, 5
stołowy *see* **pokój stołowy**
stół table, 1
stracić (-cę, -ci) to lose, 15
(*imperf.* **tracić,** q.v.)
student student (*masc.*), 1
studentka student (*fem.*), 1
studiować (-uję, -uje) to study, 6
styczeń (*gen.* **stycznia**) January, 19
subtelność subtlety, 20
swój, swoja, swoje *see* Lesson 13
syn son, 9
sypialny *see* **pokój sypialny**
szczególnie especially, 6
szczęście (na szczęście) luck, 11
szesnasty sixteenth, 20
szesnaście sixteen, 20
sześć six, 17
szkodzić (-dzę, -dzi) to harm, 18, (**nie szkodzi** it does not matter, 18)
(*perf.* **zaszkodzić,** q.v.)
szkoła school, 2
szkoła podstawowa primary school, 19
szkoła średnia secondary school, 19
szósty sixth, 17
szpital (*gen.* **szpitala**) hospital, 10
sztuka art, 6
szukać (-am, -a) + *gen.* to seek, look for, 11
(*perf.* **poszukać,** q.v.)

szybki quick, 7
szybko (*adv.*) quickly, 7
Śląsk (*gen.* **Śląska**) Silesia, 5
śniadanie breakfast, 7
średni middle, 19
środa Wednesday, 17
śródmieście town centre, 8
świat (*gen.* **świata**) world, 11
światowy world (*adj.*), 11
świecić (-cę, -ci) to shine, 8

T

tak yes, 1
tak . . . jak as . . . as, 11
taksówka taxi, 17
także also, 12
tam there, 1
targ fair, market, 15
Tatry Tatras, 20
teatr theatre, 8
telefon telephone, 1
telefoniczny telephone (*adj.*), 20
temu ago, earlier, 17
ten, ta, to this, that, 4
teraz now, 2
teren area, 16
też also, too, 5
tłum, crowd, 6
to this, that, 1
tracić (-cę, -ci) to lose, 15
(*perf.* **stracić,** q.v.)
tramwaj tram, 10
trochę a little, 16
trudność difficulty, 20
trzeba it is necessary, 18
trzeci third, 17
trzy three, 10
trzynasty thirteenth, 18
trzynaście thirteen, 18
tu here, 3
turysta tourist, 11
tutaj here, 1
tuż just, 13
ty you, 8
tydzień (*gen.* **tygodnia**) week, 12, (**od dziś za tydzień** today week, 19)
tylko only 6

U

u + *gen.* at, with, by, 13

uczelnia seat of learning, 15

uczyć (-czę, -czy) + *gen.* to teach, 11
(*perf.* **nauczyć,** q.v.)

uczyć (-czę, -czy) się + *gen.* to learn, 13
(*perf.* **nauczyć się,** q.v.)

ugotować (-uję, -uje) to cook, 9
(*imperf.* **gotować,** q.v.)

ulec (ulegnę, ulegnie) to undergo, 16
(*imperf.* **ulegać,** q.v.)

ulegać (-am, -a) to undergo, 16
(*perf.* **ulec,** q.v.)

ulica street 6

uniwersytet university, 3

urodziny birthday, 19

uszkodzenie damage, 16

uważać (-am, -a) to think, consider, 18

używać + *gen.* **(-am, -a)** to use, 19

W

w + *prep.* in, 2

w + *acc.* on, 13

wakacje holidays, 3

walka struggle, 16

Warszawa Warsaw, 2

warszawiak inhabitant of Warsaw, 11

warszawianka inhabitant (*fem.*) of Warsaw, 14

warszawski Warsaw (*adj.*), 13

Warta Warta (river), 15

wasz your, 10

Wawel Wawel (castle), 4

ważny important, 11

wbiec (wbiegnę, wbiegnie) to run on to 13
(*imperf.* **wbiegać,** q.v.)

wbiegać (-am, -a) to run on to, 13
(*perf.* **wbiec,** q.v.)

w czasie + *gen.* during, 8

wczesny early, 7

wcześnie (*adv.*) early, 7

wcześniej earlier, before, 13

w domu at home, 6

widać it is evident, 13

widzenie (do widzenia goodbye, 13)

widzieć (-dzę, -dzi) to see, 9
(*perf.* **zobaczyć,** q.v.)

wieczór (*gen.* **wieczora** or **wieczoru)** evening, 7

wiedzieć (wiem, wie) to know, 17

wiele much, many, 13

wielki big, great, 16

Wielkopolska Great Poland, 15

więc therefore, so, 3

winda lift, 18

wioska village, 16

wiosna spring, 20

Wisła Vistula, 6

witać (-am, -a) to welcome, 18
(*perf.* **przywitać,** q.v.)

wkrótce soon, 5

właśnie just, 3

wojna war, 8

wojsko army, 16

wokoło + *gen.* around, 16

wokół + *gen.* around, 16

wolny free, 20

wołać (-am, -a) to call, 13
(*perf.* **zawołać,** q.v.)

wracać (-am, -a) to return, 10
(*perf.* **wrócić,** q.v.)

wrażenie impression, 14

wreszcie at last, 9

Wrocław Wroclaw (Breslau), 5

wrócić (-cę, -ci) to return, 10

wrzesień (*gen.* **września)** September, 19

wschodni eastern, 15

wschód east, 5

wspaniały splendid, 16

wstawać (wstaję, wstaje) to get up, 7

wszystek, wszystka, wszystko all, 11

wszystko everything, 4

wśród + *gen.* among, 16

wtedy then, 19

wtorek (*gen.* **wtorku)** Tuesday, 17

wuj uncle, 8

wujek uncle, 8
wujostwo aunt and uncle, 8
wy you, 8
wychodzić (-dzę, -dzi) to go out
  (on foot), 12
  (*perf.* **wyjść,** q.v.)
wygodny comfortable, 10
wyjechać (wyjadę, wyjedzie) to
  leave (not on foot), 13
  (*imperf.* **wyjeżdżać,** q.v.)
wyjeżdżać (-am, -a) to leave (not
  on foot), 13
  (*perf.* **wyjechać,** q.v.)
wyjść (wyjdę, wyjdzie) to go out
  (on foot), 12
  (*imperf.* **wychodzić,** q.v.)
wymowa pronunciation, 20
wypić (wypiję, wypije) to drink,
  10
  (*imperf.* **pić,** q.v.)
wzdłuż + *gen.* along, 6
wzrastać (-am, -a) to grow, 15
  (*perf.* **wzrosnąć,** q.v.)
wzrosnąć (-snę, -śnie) to grow, 15
  (*imperf.* **wzrastać,** q.v.)

Z

z + *gen.* from, 7
z + *inst.* with, 14
za + *inst.* behind, 7
za + *acc.* in, 12
zabierać (-am, -a) to take (out), 9
  (*perf.* **zabrać,** q.v.)
zabrać (zabiorę, zabierze) to
  take (out), 9
  (*imperf.* **zabierać,** q.v.)
zachodni western, 15
zachować (-am, -a) się to behave,
  19
  (*imperf.* **zachowywać się,** q.v.)
zachowywać (-wuję, -wuje) się
  to behave, 19
  (*perf.* **zachować się,** q.v.)
zachód west, 5
zacząć (zacznę, zacznie) to begin,
  14
  (*imperf.* **zaczynać,** q.v.)
zaczynać (-am, -a) to begin, 14

  (*perf.* **zacząć,** q.v.)
zadowolony pleased, 17
zadzwonić (-nię, -ni) to ring, 17
  (*imperf.* **dzwonić,** q.v.)
zainteresować się (-uję, -uje) +
  inst. to be interested, 11
  (*imperf.* **interesować się,** q.v.)
zajęcie lesson, 19
zajęty busy, 9
zamek castle, 4
zamiar intention, 20
zamierzać (-am, -a) to intend, 13
  (*perf.* **zamierzyć,** q.v.)
zamierzyć (-rzę, -rzy) to intend,
  13
  (*imperf.* **zamierzać,** q.v.)
zamknięty shut, closed, 4
zapraszać (-am, -a) to invite, 17
  (*perf.* **zaprosić,** q.v.)
zaprosić (-szę, -si) to invite, 8, 17
  (*imperf.* **zapraszać,** q.v.)
zapytać (-am, -a) się to ask, 12
  (*imperf.* **pytać się,** q.v.)
zaraz at once, 18
zaszkodzić (-dzę, -dzi) to harm,
  18
  (*imperf.* **szkodzić,** q.v.)
zatrzymać (-am, -a) się to stop, 9
  (*imperf.* **zatrzymywać się,** q.v.)
zatrzymywać (-uję, -uje) się to
  stop, 9
  (*perf.* **zatrzymać się,** q.v.)
zawołać (-am, -a) to call, 13
  (*imperf.* **wołać,** q.v.)
zbiór collection, 6
zbliżać (-am, -a) się to approach,
  20
  (*perf.* **zbliżyć się,** q.v.)
zbliżyć (-żę, -ży) się to approach,
  20
  (*imperf.* **zbliżać się,** q.v.)
zbudować (-uję, -uje) to build, 11
  (*imperf.* **budować,** q.v.)
zbyt too, 18
zdanie opinion, 18
zdenerwować (-uję, -uje) się to
  worry, 18
  (*imperf.* **denerwować się,** q.v.)

zdjęcie photograph, 14
zebranie meeting, 19
zegarek watch, 18
zeszły past, last, 19
zeszyt notebook, 4
ziemia earth, ground, 7
zima winter, 20
zimowy winter (*adj.*), 20
zjechać (zjadę, zjedzie) to go down (not on foot), 18
(*imperf.* **zjeżdżać,** q.v.)
zjeżdżać (-am, -a) to go down (not on foot), 18
(*perf.* **zjechać,** q.v.)
zmartwić (-wię, -wi) się to worry, 18
(*imperf.* **martwić się,** q.v.)
zmęczony tired, 17
zmęczyć (-czę, -czy) się to get tired, 12
zmieniać (-am, -a) to change, 18
(*perf.* **zmienić,** q.v.)
zmienić (-nię, -ni) to change, 18
(*imperf.* **zmieniać,** q.v.)
znać (znam, zna) to know, 11
znajdować (-uję, uje) to find, 4, 11
(*perf.* **znaleźć,** q.v.)
znajdować (-uję, -uje) się to be situated, 4
znajomy friend, acquaintance, 10
znaleźć (znajdę, znajdzie) to find, 11
(*imperf.* **znajdować,** q.v.)
znany famous, 6

zniszczenie destruction, 16
zniszczyć (-czę, -czy) to destroy, 16
(*imperf.* **niszczyć,** q.v.)
znowu again, 6
zobaczyć (-czę, -czy) to see, 4, 9
(*imperf.* **widzieć,** q.v.)
zrobić (-bię, -bi) to make, to do, 9
(*imperf.* **robić,** q.v.)
zrozumieć (zrozumiem, zrozumie) to understand, 20
(*imperf.* **rozumieć,** q.v.)
zupa soup, 18
Związek Radziecki Soviet Union, 5
zwiedzać (-am, -a) to visit (places), 12
(*perf.* **zwiedzić,** q.v.)
zwiedzić (-dzę, -dzi) to visit (places), 12
(*imperf.* **zwiedzać,** q.v.)
zwykły usual, 19
że that, 7
żeby in order to, 13
żegnać (-am, -a) to say goodbye, 13
(*perf.* **pożegnać,** q.v.)
Żoliborz (*gen.* **Żoliborza**) Żoliborz (part of Warsaw), 6
żona wife, 1
życie life, 15
żyć (żyję, żyje) to live, 15
(*perf.* **przeżyć,** q.v.)